INTRODUCTION

いま一度、How To ヒップホップ入門

長谷川　2011年に**『文化系のためのヒップホップ入門』**（以下『文化系』）を刊行してからすでに7年近くが経過しました。そろそろ続編を出しましょうという話をいただいたわけですが……。

大和田　おかげさまであの本はいろんなところで取り上げてもらいましたけど、日本でアメリカのヒップホップが日常的に聴かれるようになったかというと、疑問なんですよね。

長谷川　あいかわらずヒップホップを聴くきっかけがなかなかないのかな。あっても、なんだかどの曲も似ていると思われたりとか。

大和田　あとバカっぽい音楽と思っている人が多いみたいですね。不良っぽい、ギャングっぽいみたいな。

長谷川　なので、ここでは前置きがわりに、どういう風にヒップホップに入門すれ

★『文化系のためのヒップホップ入門』：2011年10月、アルテスパブリッシング刊。ライムスター宇多丸さん、山下達郎さんをはじめ、錚々たる方々から絶賛され、思いもかけないベストセラー／ロングセラーとなった。

ばいいのかわからないという若い人に、あらためてその方法を教えてみたいと思います。

大和田　素晴らしい。

長谷川　ヒップホップにはいろんな入門の方法があります。まず第一に考えられるのは、ヒップホップだけを取り上げた雑誌とかサイトを見ることですね。でもこれはビギナーにはキツい。コアなヒップホップ・ファンにしか通用しない言葉ばかり出てくるし、そのほとんどが横文字だから、何が何だかわからない。

大和田　とりわけ秘教的な専門用語が多いジャンルですしね（笑）。

長谷川　次は洋楽全般を取り上げているメディアを見ること。メインはあくまでロックでヒップホップも取り上げるっていうスタンスのメディアですね。ある意味、こっちはヒップホップ専門メディア以上に問題があるんですよ。というのも、すべてをロック的価値観によるフィルターを通して取り上げてしまうから。ロック・アーティストのように取り上げることで、ヒップホップ・アーティストの実像がねじ曲げられてしまう危険性がある。

大和田　誤解を恐れずに言えば、日本のネット界隈での**ケンドリック・ラマー**一本釣り的な取り上げ方は、現象としてはロック・メディア的な扱いといえる？

★ケンドリック・ラマー：87年コンプトン生まれ。西海岸ギャングスタ・ラップで受け継がれてきたストーリーテリングの伝統をベースに、東海岸ヒップホップ的なコンシャスネスと南部産ビートへの対応力をも兼ね備えたラッパー。2018年現在、シーンで最も大きな影響力を持っている。

長谷川　アメリカでも同じなんですけどね。『ローリング・ストーン』や『ピッチフォーク』でも2015年のベスト・アルバムはケンドリック・ラマーの『To Pimp a Butterfly』でした。内容を考えれば当然ではあるけど、白人のロック・ファンが、ケンドリックさえ聴いていれば自分は黒人を差別しているわけではないリベラルな音楽リスナーだという免罪符をもらえるから一応聴いている、みたいな雰囲気もすごく感じてしまうんです。

大和田　ヒップホップのシーンをリプレゼント（代表）する形でケンドリック・ラマーのアルバムがあるかっていうと、そこにはけっこう議論の余地があります。もちろん代表している面もあるんだけど。

長谷川　個人的には、ショートケーキの一番上にのっているイチゴだけを食べて、「イチゴこそがショートケーキだ」って言われちゃうのと、同じくらい違和感があるんですよね。

大和田　そうですね（笑）。スポンジはどうしたんだ、みたいな。

長谷川　スポンジあってのショートケーキだってことは言いたい。

大和田　というかそれはただのイチゴだと。

長谷川　話を戻すと、テクノとかいろんなダンス・ミュージックと一緒にヒップホップを取り上げているようなクラブ系メディアもヒップホップ入門の入り口になるといえます。でもこうしたメディアの多くは英国経由で情報を得ているので、UKフィルターによる偏向したヒップホップ観に支配されていることが多いんですよ。

大和田　ロンドン的な価値観で黒人音楽を語るみたいな。ここは僕ら、ずっと言ってますよね。

長谷川　英国では『ガーディアン』をはじめ一般紙がレベルの高い音楽批評をやっていて、その中ではヒップホップも取り上げられているんです。日本の音楽ライターでもそういう記事を読んでいる人が多いんだけど、そうするとどうしてもUKロック的にしかヒップホップを捉えられなくなってくる。とんがっていて新しければなんでもいいんだっていう方向に行きがちなんですよ。そこでアメリカで実際に起きていることと乖離《かいり》しちゃうのかなと思います。

大和田　はい。

長谷川　それと年上のヒップホップ・ファンに教えてもらうって方法もあるんですけど、これが一番問題があるかもしれない。というのは、いまさら**90年代東海岸ヒップホップ**を聴けって説教されることになると思うので。90年代にニューヨー

★90年代東海岸ヒップホップ：90年代にニューヨークを中心とした東海岸の都市で盛んだった、サンプリングをサウンドの中心に置いたヒップホップ。本国では「ゴールデンエイジ（黄金時代）のヒップホップ」とも呼ばれる。詳しくは『文化系のためのヒップホップ入門』を。

クで流行っていたスタイルのヒップホップ、これこそがすべてだという人が30代以上にはいっぱいいるんですよ。

大和田 最近さすがに減ったような気もしますけど、ロックは60年代、70年代がベストだったっていうのと同じくらい、90年代の東海岸ヒップホップが最高という人は確実にいますね。

長谷川 今でもCDショップに行くと、90年代東海岸ヒップホップのアルバムが名盤コーナーに必ずガーッて並んでいる。あれを若い子が見たらどう感じるのかなっていつも心配なんですよ。最近の日本のテレビの歌番組も、80年代や90年代のヒット曲を振り返っているのばかりじゃないですか。あれと同じに感じるんじゃないかと。

大和田 まあ高齢化社会ですからね。

長谷川 もちろんヒップホップにも、いかなる時代に聴いても素晴らしい曲やアルバムはあるんです。でもヒップホップは何よりも同時代の雰囲気を反映している音楽なので、歴史に沿って定番のアルバムを聴いていくよりは、いま一番旬の、輝いている曲やアルバムを聴いた方が絶対良い。歴史的名盤の方は、今活躍しているラッパーがインタビューで影響を受けたとか話していたら、それをきっかけに聴いてみるくらいのスタンスで良いんじゃないかなと思います。

大和田　今のシーンは盛り上がっていますもんね。

長谷川　で、ヒップホップにどうやって入門するか、結論にいってみましょう。ベタなんですけど、『ビルボード』っていうアメリカの「オリコン」みたいな業界誌のチャートがありますよね。これの HOT R&B / HIP-HOP SONGS チャートのトップ20シングル、これを全部 YouTube なり Spotify（スポティファイ）なり Apple Music なりで聴いてください。

大和田　はい。

長谷川　で、気に入ったらその曲が入ったアルバムを聴いてみてください。で、そのアルバムの中で気に入った曲に参加しているゲスト・ラッパーやプロデューサーを調べてください。最近は Wikipedia に何でも書かれていますので。これを繰り返していくと、だんだん自分の好みが見つかってくるはずです。

大和田　うん。

長谷川　で、見つかった頃にはヒップホップ専門メディアの記事がわかるようになっているんじゃないかと。

大和田　本当にそうですね。

長谷川　ヒップホップは、売れている曲イコール良い曲という確率が、他のジャンルに比べれば比較的高いので、それをまず楽しんだ方がいいのかなと思います。

大和田　『文化系』のなかで、町蔵さんと僕とで色々とああでもないこうでもないって言っているんですけども、ロックはいわゆる売れているものよりも、売れてなくてマイナーなものに面白いものが多いと言われていて、実際それもわからなくもないですよね。

長谷川　ロックは完全にそうですね。

大和田　でもヒップホップは、町蔵さんが言うところによると日本のお笑い文化に非常に近い。そこにはいろんな意味があるんですけど、まず売れている連中は面白いっていうことがある。一時期**ダウンタウン**が一世を風靡《ふうび》したときは、やっぱりダウンタウンが一番面白いと誰もが言っていたというように、ようするにコンペティションに勝ったやつが面白いっていう価値観、美意識が保たれているジャンルなんですよね。

長谷川　そうですね。

大和田　だからマイナーなものを別に最初から掘る必要はなくて、R&Bチャートで売れているものを聴いていくと、それなりにシーンが理解できるようにはなっ

★ダウンタウン：浜田雅功と松本人志による2MCデュオ。90年代日本のお笑い界においてゴールデンエイジを築いた。「プロは何を面白いと評価するのか」について、視聴者に対して執拗なまでに啓蒙活動をおこなっている松本のソロ番組は、KRSワン的なエデュテインメントだとも言える。

ているはずなんです。

長谷川　ヒップホップって音楽的にコアに集中する時期と外側に向けて拡散する時期が歴史的にあるんですよ。集中する時期っていうのはラッパーたちがほとんど同じようなビートで同じようなラップをしていて、その中で微妙な差異を競い合うっていうフィギュア・スケートみたいな世界になっている。それと比べるといまは拡散の時代で、アーティストによって音楽性にけっこう幅があるので、入門しやすい時期じゃないかと思います。またコアに集中する時代に戻る可能性もなきにしもあらずなので。

大和田　この本の構成を説明しておきましょうか。毎年、年末に僕が大学で担当している授業に町蔵さんをお呼びして、その年のシーンを振り返っていますので、その録音がベースになっています。履修者は60、70人程度。ヒップホップに興味のある学生もいますが、知識がない学生がほとんどです。

長谷川　かなりエディットしてますけどね。ついでに今の視点から全部書き直そうとしたけど、さすがに無理でした（笑）。

大和田　そのときどう思っていたかが残っているほうが面白いですよ。

長谷川　たしかに2012年以降のシーンの移り変わりってものすごかったですしね。

文化系のためのヒップホップ入門 2——目次

CDガイド

イラスト 菅野旋　**装丁** 折田烈（餅屋デザイン）

第I部

ゼロ年代のヒップホップ

『文化系のためのヒップホップ入門』復習編

Hip-Hop in the 2000s

「南部化」するヒップホップ
――エイト・ビートからクラーベへ

大和田　今日は、年末恒例の「ヒップホップ・シーンの1年を振り返る」という趣向で長谷川町蔵さんと二人で話をしていこうと思います。ただ、ヒップホップについて知識のない人のためにも、前半は２０００年代以降の流れをざっとおさらいしつつ、後半に２０１２年のシーンを振り返るという構成でいきます。

ヒップホップは70年代末のニューヨークで生まれましたが、90年代に入ると西海岸を中心に**ギャングスタ・ラップ**が台頭します。このとき「ギャング」のイメージについていけないファンが振り落とされたというか、聴くのを止めてしまった人が日本にもたくさんいました。ところがゼロ年代以降、もう一度サウンドがドラスティックに変化したことで、多くのファンがさらにもう一度ふるいにかけられた。「なんかこれ、もうヒップホップじゃないよね」と見切りをつけた人がたくさんいた。もちろん、その都度新しいファンも獲得しているわけですが、このゼロ年代以降のサウンドの変化がいわゆる「ダーティー・サウス」、南部産ヒップホップの台頭ということですよね。

長谷川　日本のお笑い芸人がヒップホップを真似するときって、大体「ヨーヨー、チェケラッチョ」みたいなことを言うんですけど、それって80年代のヒップホップ、つまり東海岸のヒップホップの物真似なんですね。でも、皆さんがラジオとかお店とかいろんな場所で流れているヒップホップの最新ヒットを聴くと、全然違っているものになっていることに気がつくと思うんです。でも未だに「ヨーヨー、チェケラッチョ」って言われているということは、そのへんの変化が認識されてないんじゃないかと。じゃあ90年代と現在の間にいったい何が起きたのかというと、ヒップホップの中心がアメリカの両海岸の都市、ニューヨークとかロサンゼルスから、サウス、つまりジョージア州やルイジアナ州などに移ったんですね。

大和田　都市でいうとアトランタやニューオリンズですね。フロリダ州のマイアミあたりも盛り上がっています。

長谷川　そっちの風土に合わせて音も変わっていったということなんですね。それが全米標準になってしまったことによって、昔のヒップホップ的なものとのズレが生じてしまった。

大和田　『文化系』の中でも町蔵さんが触れてますが、ヒップホップはアメリカの黒人音楽のなかでもほとんど唯一ニューヨークで生まれた音楽だったのに、結果的にはブルースやジャズのように南部に戻っていってしまった、と。

長谷川 たぶん大和田さんがずっと話していることだと思うんですけど、いまヒップホップが栄えているところって、**チトリン・サーキット**とほとんど同じになっちゃってる。ブルースマンが旅をしたルートを、ほとんどヒップホップも追いかけているという……

大和田 それではサウスのヒップホップの曲をかけてみましょうか。〈Get Ur Freak On〉(2001) です。**ミッシー・エリオット**が01年に発表した曲ですね。トラックを作ってるのが**ティンバランド**というプロデューサーで、ふたりとも南部のヴァージニア州出身です。

長谷川 ティンバランドという人は、90年代後半に突然変異的にこういうサウンドを作ってしまったんです。それまでヒップホップのトラックというとサンプリングで作っていたんですが、これは打ち込みで作っています。しかもドラムのパターンが、いままでとはぜんぜん違う。発売当時はやっぱりゲテモノ扱いされたんですね。「何だこれは?」と。日本でも「こんなものは黒人音楽ではない」と言う人は多かった。

★チトリン・サーキット：主にブルース~R&Bを演奏するアフリカ系アメリカ人のミュージシャンが、全米の黒人街にあるクラブを巡業して回ること。ツアー・ルートは南部の各都市に集中していた。

★ミッシー・エリオット：71年ヴァージニア生まれのシンガー・ソングライター。ティンバランドとは幼馴染で、彼の初期仕事においては作詞とメロディ・ライン作りを手がけていた。その後はプロデューサーとして自立。単独でも多くのアーティストを手がけている。

大和田　イントロの日本語も含めて衝撃的でしたよね。

長谷川　「イギリスのニューウェーヴにかぶれた変な黒人が作ったキワモノだ」とか言われてたんですけど、結果的にはこっちの方が主流になってしまった。アメリカの黒人音楽史上でも革命と言えるようなことが起きたんですね。

大和田　『文化系』のクライマックスのひとつ、おそらくこのことは誰も言ってなかったと思いますが、町蔵さんがかなり大胆な仮説を出しています。つまり、ここでビートが変わったのだ、と。

長谷川　そうですね。これたぶん「ドンタンドンタン」っていう早いエイト・ビートに聞こえると思うんですけれども……

大和田　バスドラをよく聴くと「トンツドンツドン・ドン」と跳ねてるんですよね。リズムやビートの話になりますが、中南米の音楽が基本とする**クラーベ**というビートがあるんです。「ドンツ・ドン・ドン・ツク・ドンドン・ツク」みたいな。サルサやマンボやルンバもこれが基本になっています。

　このリズムはアメリカの音楽ではニューオリンズのビートに見られますが、ミッシー・エリオットのこの曲は基本的なビートがそのクラーベになってるんです。それまでの黒人音楽は2拍と4拍にスネアが入る「ドンタンドンタン」とい

★ティンバランド：2拍4拍のスネアが標準的だった従来のヒップホップのビート感覚に革命をもたらした71年ヴァージニア生まれのプロデューサー。サンプリングよりもシンセを重要視したことも特筆されるべき。彼の及ぼした影響については『文化系』第5部を。

★クラーベ：おもにキューバを起源としたラテン音楽の根幹を担っているリズムパターン。ルンバやサルサのパーカッションの譜割は、このパターンに沿って作られている。

う8ビート、16ビートが主流でした。90年代のギャングスタ・ラップも、テンポが少し遅くなったとはいえるかもしれないけどビートは同じだった。ところがサウスの台頭によってヒップホップの基本的なビートが変化したのではないか、ということを町蔵さんは指摘したわけです。

長谷川　クラーベは、中南米でもキューバやプエルト・リコといったスペイン語圏の国で聴ける音楽の基本リズムだったんですけど、アメリカは英語の国じゃないですか。でもこれの先駆けというのがあって、それがジャマイカのレゲエです。

大和田　ジャマイカは旧イギリス植民地ですから英語圏の国ですね。

長谷川　70年代、**ボブ・マーリー**の時代のレゲエは「ウンチャカ・ウンチャカ」というビートだったんです。あまりにも有名な〈I Shot The Sheriff〉(1973)とかわかりやすいと思うんですけど。でもレゲエのビートも80年代半ばから、「ターン・タンタン・ウン・タンタン」という、ルンバっぽいリズムに変わってきたんです。たとえばこれは**チャカ・デマス&プライアーズ**の94年のヒット曲〈Murder She Wrote〉です。

世界史的にいうと1588年の「アルマダの海戦」というのがあります。イギリスがスペインを破って、スペインを超える海洋国家になるきっかけになった。

★ボブ・マーリー：45年ジャマイカ生まれのレゲエを代表するシンガー・ソングライター。ヒップホップ的にはアウトキャストやコモンに引用された〈Get Up, Stand Up〉が有名。〈Buffalo Soldier〉をヒット曲〈Ready Or Not〉で引用したフュージーズのローリン・ヒルの舅でもある。

★チャカ・デマス&プライアーズ：ジャマイカ出身で英国でも人気があったレゲエ・デュオ。〈Murder She Wrote〉は94年のヒット曲。

それが北アメリカの植民地、現在のアメリカ合衆国に繋がったわけですけども、それをスペインが文化のうえで取り返しつつあるともいえるわけです。

大和田　この点は僕もよく講義で話すんですが、もし「アルマダの海戦」でスペインが勝利していたら現在の南北アメリカ大陸はどのようになっていたか。なんといっても「無敵艦隊」と呼ばれていたわけですから、その可能性は十分あったはずです。現在の「ヒスパニック化するアメリカ合衆国」という流れも含めて、ものすごく妄想が膨らむ歴史上の「if」ですよね。

長谷川　アメリカでも、いまスペイン語をしゃべる人たち、ヒスパニックがどんどん増えていて、文化的にスペイン語圏の中南米っぽくなっています。

大和田　大統領選でもヒスパニックの票がキャスティング・ボードを握っているという話が出ていましたが、それに呼応するようにゼロ年代以降、基本的なビートが中南米寄りになっていると。

長谷川　でも、ティンバランドはヒスパニックの血が入っているというわけではまったくなくて、普通の黒人なんですよ。

大和田　そこがおもしろいですね。この流れで僕らがよくかけるのが、ティンバランドがプロデュースした**ジェイZ**の〈Big Pimpin'〉という曲です。ジェイZは

★ジェイZ：69年ブルックリン生まれのラッパー。A&Rとしても優秀で、デフ・ジャム社長時代はリアーナらを発掘した。現在はレーベル兼マネージメント会社ロック・ネイションやストリーミング・サービスTidalの経営者でもある。資産総額は17年末時点で8億1000万ドル。

東海岸のラッパーなんですが、この曲でフィーチャーされているラッパーが、サウスのテキサス州出身の**UGK**というラッパー・デュオなんです。二人のラッパーのビートの乗せ方の違いに注目してください。

大和田 最初にラップするのはジェイZですね。

長谷川 ジェイZは「ドンタンドンタン」っていうリズムだと解釈してこれにラップを乗せていきます。ハイハットのフレーズを拾って部分的に16分音符でラップしたり、凝《こ》ったことをやってはいますが。

大和田 やっぱりジェイZはうまいですよね。どんなビートでもそれなりに聴かせるし、しかも常にジェイZっぽさがあるというか、「なにをやってもキムタク」みたいな圧倒的なシグネチャー感がある。

長谷川 そこらへんはやっぱりたいしたものですよ。で、2コーラス目からUGKのバンBがラップします。彼はジェイZと違ってビートをクラーベと解釈している。

大和田 南部訛《なま》り特有の巻き舌でバウンスさせながらうまくビートを乗りこなしていて、ものすごいドライヴ感もある。

長谷川 そうですね。こういう曲の活躍もあってUGKは全国区のスターになるん

★UGK：テキサス出身のバンBとピンプCによるラップ・デュオ。自身の名を冠したアルバムが全米1位に輝いた2007年に、ピンプCがコデインのオーバードーズによって突然死。栄光の頂点でその活動に終止符がうたれてしまった。

です。

大和田　こういうビートになると南部のラッパーの方が強いということですよね。だから、ゼロ年代以降にビートが「南部化」してから、アトランタやヒューストン、さらにはフロリダからスターがどんどん出てくるようになった。その傾向はまだ続いています。

「内省化」するラップ——カニエ・ウェストの場合

大和田　ゼロ年代以降のヒップホップ・シーンの大きな特徴としてもうひとつ、それを僕らは「ラップの内省化」と呼んでいます。もともとヒップホップというジャンルは「不良」というかギャングスタなイメージが主流だったわけですが、ここにきて「ダメな僕」的なキャラクターを押し出すラッパーが目立ってきたのではないかと。

長谷川　ヒップホップは基本的にゲーム、競技的な音楽なので、どうしても弱い自分とか、孤独な自分とか、そういう面はなかなかラップできなかったんですね。基本的にそれはロックの専売特許だったわけです。ロックというのは……

大和田「傷ついた僕」を綿々と歌い続けてきた。

長谷川 逆にいうと、ヒップホップにこわもてな部分をどんどん奪われていったから、弱い部分に特化しはじめたともいえます。そのロックの最後の牙城《がじょう》にまでヒップホップが迫ってきたのがゼロ年代だった。

大和田 代表的なアーティストが**カニエ・ウェスト**ですね。〈Heartless〉(2008)を聴いてみましょうか。

長谷川 これはラップじゃなくて、**オートチューン**を使って歌ってるんですね。

大和田 日本では**Perfume**も使っているソフトウェアですね。

長谷川 カニエ・ウェストという人は母子家庭で育ったんですが、07年にお母さんに死なれちゃって、ものすごく荒れちゃうんですよね。それを嫌った恋人にも去られてドン底の状況で作ったアルバム(『808s & Heartbreak』)の曲なんです。この時期、カニエ・ウェストはある意味ラップできなかったんですよ。心象風景を歌うしかなかった。

大和田 しかも生の声では直接的すぎて歌えなかった。自分の声を加工して距離をとらなければならないほどの経験だったともいえます。

★カニエ・ウェスト:77年シカゴ生まれのプロデューサー兼ラッパー。自身の苦悩や葛藤をサウンドに昇華する音楽の天才であると同時に、キム・カーダシアンとの結婚生活によって「痛い人」ぶりを全米のお茶の間に晒し続ける困った人でもある。

★オートチューン:米アンタレス・オーディオ・テクノロジーズ社による音程補正用ソフトウェア。元々はリスナーにわからないように不安定な音程を補正する製品として開発されたが、やがてエフェクトを極端に施してヴォーカルをロボ声にする機材として用いられるようになった。

徒弟制の崩壊から生まれた新たな才能

長谷川　生の声でラップをすることが一番本音に近づけるように思われがちでしょうが、カニエ・ウェストが本音を言うにはロボ声で歌うしかなかった、というのがとても興味深いですよね。でも、この音楽スタイル自体はカニエの発明ではないんです。生まれたときからパソコンが身近にあったような黒人たちが、自分たちの内省的な自作曲をネットにアップするようになった。それが一部で評判になったのを見て、カニエは自分の音楽に取り入れたんですね。カニエに影響を与えた**キッド・カディ**の曲をかけましょう。〈Day 'N' Nite〉（2009）です。

　昔なら、ヒップホップの世界で生きていくためには、まずは地元のラップ界のボスに取り入ったり、カバン持ちみたいなことをしなければいけなかったわけです。だけど、インターネットのおかげで師匠を持たない人たちも、ネット上で音楽を発表できるという状況が生まれました。

大和田　インターネットの登場によって、ヒップホップ界の徒弟制が崩壊したといえるかもしれませんね。日本だと吉本興業の例が近いでしょうか。要するに昔はお笑いをするには大御所芸人に弟子入りするわけですよね。ところが吉本が学校

★Perfume：広島県出身のガールズ・グループ。中田ヤスタカのプロデュースによる先鋭的なサウンドによって、いわゆるアイドル・グループとは一線を画した音楽性を誇る。MIKIKOの振り付けによるダンスもハイレベル。海外での人気も高い。

★キッド・カディ：84年クリーブランド出身のラッパー。カニエの弟分にあたる。鼻歌のようなラップ・スタイルと内省的かつ夢想的なリリックは、後のクラウド・ラップやトラップに影響を与えた。

をつくって、たとえばダウンタウンのように師匠を持たないお笑い芸人がでてきはじめた。キッド・カディのパターンは、それに似た感じがありますね。徒弟制がなくなったことで、逆に才能さえあれば目立てるようになった。

長谷川 これまで売れっ子のラッパーというのは、自分がスターになると自分のレーベルを立ち上げて、自分の身の回りの舎弟をそこからデビューさせてきたんですけど、ネットからいろんな才能が出てくると、ヘッドハントするようになるんですね。内弟子ではなく野球のスカウト制度みたいに「俺んとこに来ねえか？」と声をかけるようになったんです。カニエもカディを自分のレーベルに呼んでいます。

第2部

2012年のヒップホップ

Hip-Hop in 2012

ケンドリック・ラマーの圧倒的なスキルとフランク・オーシャンのカムアウト

大和田 ゼロ年代のヒップホップ・シーンの大きな特徴が「南部化」と「内省化」であるという点を踏まえた上で、ここからは2012年のシーンを振り返ってみましょう。町蔵さん、12年を代表する1曲をお願いします。

長谷川 ケンドリック・ラマーですよね。〈The Recipe〉と〈Swimming Pools (Drank)〉、どっちがいいですか。

大和田 個人的には〈The Recipe〉が好きですけど、たぶん〈Swimming Pools (Drank)〉の方がいまっぽいかもしれませんね。いずれにしても「12年を代表するラッパー」に、多くの人がケンドリック・ラマーを挙げるのではないでしょうか。この点に関してはほとんど異論はないと思います。

長谷川 ラマーは、コンプトンというロサンゼルスの少し南にある町の出身なんですけど。師匠につくこともなく、自分でネットに**ミックステープ**を上げていたのを同郷の**ドクター・ドレー**が声をかけて、2012年にドレーのレーベルから、華々しく登場したわけです。

★ミックステープ：もともとはDJプレイを収録したテープのことを指していたが、ある時期からラッパーがネット上でフリー配布するプロモ用アルバムのことを指すようになった。

★ドクター・ドレー：65年コンプトン生まれ。言わずと知れたヒップホップ・プロデューサー兼ラッパーだが、08年に設立したヘッドフォン会社ビーツが大成功。16年にアップルに30億ドルで売却して、現在もそのままアップルでApple Music の責任者を務めている。

大和田　商業デビューする前からミックステープを何枚か出してましたが、とにかくラップがうまい。英語がわからない日本人でも、ちょっとヒップホップを聴いてる人ならすぐにわかるくらい、ビートの乗せ方やズラし方という点でラップのスキルが明らかに高い。

長谷川　西海岸ってずっと低調だったんですけど、サウスのビートに対応できるMCスタイルを若い世代がやれるようになった。同じ西海岸の**オッド・フューチャー**というクルーもネットでスターになったやつらなんですけど、彼らもそういったサウスのテイストをうまく取り入れています。そういう新しい西海岸の世代というのが、ここ数年出てきたんですけど、暗いんですよね。基本的に荒《すさ》んでるし閉塞感がある。

大和田　だからサウスのビートなんだけど、サウスのマネではない。サウスのラッパーってまだギャングっぽいイメージが主流ですけど、ケンドリック・ラマーは、さっきの内省的な感じも取り入れて、うまくバランスがとれてるんですよね。では、この流れで**フランク・オーシャン**をかけましょうか。町蔵さんが言っていたオッド・フューチャーという西海岸のクルーのシンガーですね。

長谷川　フランク・オーシャンってオッド・フューチャーのオリジナル・メンバー

★オッド・フューチャー：84ロサンゼルスをベースとしたヒップホップ・クルー。中心人物はタイラー・ザ・クリエイター。正式名称はOdd Future Wolf Gang Kill Them Allという殺伐としたものだが、Golf Wangというブランド名で、パステルカラーのゴルフウェアを売ったりしている。

★フランク・オーシャン：87年ニューオリンズ生まれの黒人シンガー・ソングライター。

ではなかったんですよ。

大和田　あ、そうなんですか。

長谷川　彼はニューオリンズ出身で、LAに出てきて**デフ・ジャム・レコード**と作家契約したんですよ。でもその後2、3年間は飼い殺しになっていて会社がサポートしてくれなかった。その時にオッド・フューチャーっていうおもしろい連中がいるということで、自分から加入したんです。

大和田　へえ。

長谷川　で、オッド・フューチャーの他の連中のマネをして、**レディオヘッド**のイントロをループさせたのに勝手に歌を乗せた曲とかをばんばんネットに上げてたら、異様にウケて、デフ・ジャムがあわてて「アルバム出そう」って向こうから言ってきたという。

大和田　やっぱりネット世代ですね。とりあえず曲を聴いてもらいましょう。〈Thinking About You〉。

長谷川　この人も、世界観が暗い。喪失感が音楽のなかから漂ってくるというか。

大和田　あと、これは今年（12年）のヒップホップ界の十大ニュースのひとつになると思いますが、フランク・オーシャンがカムアウトしたんですよね。

★デフ・ジャム・レコード：84年にリック・ルービンがニューヨーク大学の学生寮で設立。これまでラッセル・シモンズやリオ・コーエン、LAリード、バリー・ワイスといった錚々たる人物が務めてきた会長職に、18年1月エミネムのマネージャー、ポール・ローゼンバーグが就任した。

★レディオヘッド：85年に英国で結成されたロック・バンド。オーシャンはミックステープ『Nostalgia, Ultra』で、00年のアルバム『KID A』収録曲の〈Optimistic〉を大胆にサンプリング。これを彼らは温かく黙認した。一方で〈Hotel California〉を引用されたイーグルスのドン・ヘンリーは激怒。訴訟をチラつかせて曲をネットから削除させている。

長谷川　アルバムの発売直前に初恋の相手が男だったってカミングアウトした。それでアルバムが売れなくなるんじゃないかという懸念もあったんですけど、ジェイZとか**T.I.**とかの大御所をはじめスター・ラッパーたちがみんな支持を表明したんです。

大和田　あのときのジェイZの親分っぷりはすごかったですよね。いち早く「俺はフランク・オーシャンを支持する」と言って、それでみんなピタッとおとなしくなった（笑）。

長谷川　「人間に一番大事なのは自由だ。俺は自由を支持する」みたいな言い方をして、流れが変わった。このフランク・オーシャンが属しているオッド・フューチャーっていうのは、女性蔑視的な内容のラップが非常に多かったんですよね。自分を相手にしてくれない女の腹を裂く的な……。

大和田　スプラッター的な妄想力。

長谷川　だから非常にバッシングを受けてたんですけど、実際はクルーのなかにはシドっていうレズビアンの子もいて、それに加えてフランク・オーシャンがカミングアウトした。しかも、そのニュースを大御所が気合いを入れて「俺は自由を支持する」とフォローしているさなかに、クルーのリーダーの**タイラー・ザ・ク**

★T.I.：80年アトランタ生まれのラッパー。現在のアトランタ・ラップ・シーンの礎を築いた男のひとりだが、近年は俳優活動からのフィードバックなのか、リベラルな言動も目立つ。

★タイラー・ザ・クリエイター：91年ロサンゼルス生まれ。少年時代は素行や態度に問題があったせいで何度も転校。だが行く先々で仲間を作り、オッド・フューチャーを作り上げた。性差別的なリリックで批判を浴び続けているが、クルーにはオーシャンのほかレズビアンのシドが在籍している。

リエイターがツイッターで「告白すんのがおせーんだよ、バーカ」ってつぶやいたんですよ。この感性は完全に新世代ですよ。

大和田　もともとヒップホップというジャンル自体は、ミソジニー（女性蔑視）とホモフォビア（同性愛嫌悪）がものすごく強いと言われます。ギャングスタ・ラップはとくにそうですが、そういう特徴を自明のものとして発展してきたジャンルなので、フランク・オーシャンがカムアウトするというのは、ものすごいニュースだったんですよね。実はその2ヵ月前の5月に大統領選でオバマが同性婚支持を表明していて、フランク・オーシャンが自分のタンブラー（ブログ）で告白したのが7月4日（独立記念日）です。12年はゲイ・アクティヴィズムの点でも非常に重要な年だったと思います。

長谷川　とにかく12年のR&Bアルバムを1枚買うとしたら、フランク・オーシャンの『Channel Orage』。アメリカではどの雑誌を見ても今年を代表するアルバムとして、フランク・オーシャンの『Channel Orange』とさっきのケンドリック・ラマーの『Good Kid M.a.a.D City』が、だいたいランクインしてます。

大和田　これはほとんどシーンのコンセンサスだと思いますね。

ミーク・ミル、ビッグ・クリット、キラー・マイク

大和田 12年はほかにはどういう人たちが活躍しましたか？

長谷川 ミーク・ミルを聴いてみますか。ヒップホップにはいまいくつか派閥があるんですけども、一番有名なところはカニエ・ウェストのG.O.O.D.Music。

大和田 ですね。

長谷川 それと、**リル・ウェイン**のヤングマネーキャッシュマネービリオネアズというばかばかしい名前のクルーが（笑）。

大和田 「全部金かよ」っていう（笑）。

長谷川 そしてもうひとつ、**リック・ロス**というフロリダのラッパーが率いるメイバック・ミュージックってのがあるんです。メイバックって、メルセデスベンツの最高ラインの「マイバッハ」のことなんですけど。

大和田 あ、そうなんですか。

長谷川 ブランド名なんですよ。レクサス・ミュージックみたいなものですよ。

大和田 トヨタ・レクサス・ミュージック（笑）。

長谷川 よく怒られないなあと思うんですけど、そのリック・ロスがフィラデル

★リル・ウェイン：82年ニューオリンズ生まれ。11歳の時にキャッシュマネー・レコーズと契約してゼロ年代のシーンを牽引。ドレイクとニッキー・ミナージュを発掘したのも彼である。しかしキャッシュマネーとのトラブルのため、13年を最後にアルバム・リリースが途絶えている。

★リック・ロス：76年マイアミ出身の巨漢ラッパー。元看守というヒップホップ的にはイケてない前歴（囚人の方がカッコいいとされる）を持ちながら、リリックの面白さとビート選びの巧さで10年以上シーンの第一線で活躍し続けている。メイバック・ミュージックの代表でもある。

フィア出身の**ミーク・ミル**というのをスカウトして、デビューさせたんですね。

大和田 ミックステープも話題になりましたしね。この年一番存在感を示したクルーといっていいかもしれません。〈Amen featuring Drake〉を初めて聞いたとき、すごくかっこいい曲だと思いました。

長谷川 「成功を与えてくれた神に感謝、エイメン」って歌ってます。まあ、ばかばかしいラップなんですけど、ここまでやると突き抜けてますね（笑）。

大和田 あと、ビデオに女の子がたくさん出てきます（笑）。いわゆるゴスペルの一番おいしいフレーズを延々とループしてるようなトラックです。

長谷川 この曲、キリスト教団体から怒られたんですよね。

大和田 そりゃ、怒られますよね。「オレはまたロールス・ロイスを買ったぜ、アーメン」「オレはまた女に騎乗位させたぜ、アーメン」みたいなことをいってるだけですから。でも実はこれ、**ドゥービー・ブラザーズ**の〈Minute By Minute〉（1978）をサンプリングしてるんですよね。ドゥービーっていっても皆さんは知らないでしょうから、ちょっと聴いてみましょうか。70年代西海岸の白人ロック・バンドです。〈Minute By Minute〉は、ロック・ファンにはとっては有名な曲なんですが、これをゴスペルだと思って聴いてる人はあまりいないはずで

★ミーク・ミル：87年フィラデルフィア出身。11年にリック・ロスのメイバック・ミュージックと契約して人気ラッパーとなった。

★ドゥービー・ブラザーズ：70年代米西海岸ロックを代表するロック・バンド。ヒップホップ的に人気なのはマイケル・マクドナルドが主導権を取った70年代後期のブルーアイド・ソウル的な楽曲の数々で、78年の〈Minute By Minute〉は当時のR&Bチャートにもランクインを果たした。

す。ミーク・ミルのトラックにこのように使われていてかなり驚きました。今ではドゥービーのこの曲がゴスペルにしか聞こえなくなってしまったという。

長谷川　次は**ビッグ・クリット**にいきましょうか。

大和田　いいですね。

長谷川　ビッグ・クリットはミシシッピのラッパーで、ミーク・ミルと比べると田舎臭いんです。最近、サウスのラッパーはけっこう洗練されてるんですけど、彼は若いのに昔気質というか。曲は〈I Got This〉にしましょう。

大和田　ちょっと注目してほしいんですけど、映ってる町があきらかにど田舎なんです（笑）。車も中古車だし、撮影に集まっている地元の人たちも正直クオリティ低いですね（笑）。

長谷川　クオリティが低いって（笑）。殺されますよ、そんなこと言ったら。ヒップホップのミュージック・ビデオで自分が育った町の風景を映すのは、まあお約束といえばお約束なんですけど、でもここは映しても特に風景としておもしろいわけではない（笑）。やっぱり、西海岸のギャングスタ・ラップのビデオはその荒《すさ》み具合も含めて「画《え》」になるわけですが。

大和田　この人は昔のサウスの感じを持ってるところが好きです。ラップの腕はた

★ビッグ・クリット：86年ミシシッピー生まれ。90年代南部ラップを想起させるラップと、ソウルフルなネタ使いで人気を博している。

しかなんですよ、彼。

大和田 当然ですが、南部にもスキルの高いラッパーは多い。ただ、こういう南部ラップに対する批判というのもヒップホップ界に一貫してあって、特に東海岸勢の間では「あんなものはヒップホップじゃない」というような人がいまだに多いですね。

長谷川 そうですね。

大和田 でもそれはなんというか、「こんなのロックじゃねえ」って言う親父がどこにでもいるのと同じです。

長谷川 ジャズとかそうですよね。

大和田 ジャズもすごいですねよ。「こんなのジャズじゃない」って、みんな日本で言いますからね。

長谷川 黒人でもないくせに（笑）。

大和田 **エスペランサ・スポルディング**を聴いて「こんなのジャズじゃない」という日本人の神経は、僕は正直よくわからない。アメリカのジャズ・チャートに上がっているものは基本的に全部ジャズでいいんじゃないでしょうか。というか、そういう認識からしか音楽の新しい聴き方って始まらないと思うんです。

★エスペランサ・スポルディング：84年ポートランド出身のジャズ・ベーシスト兼シンガー・ソングライター。飛び級に継ぐ飛び級で、20歳にして母校バークリー音楽大学の講師に就任した天才である。

ですからね。

長谷川　**ノラ・ジョーンズ**も音楽的にはあれだけカントリーっぽいのにジャズ扱いですからね。

大和田　音楽の狭いジャンルの話をしている分には害はないのかもしれませんが、例えばそういう思考法ってすぐに「〜を理解していないのは日本人じゃない」というふうに横滑りするんです。そうじゃなくて、目が青かろうと金髪だろうと「日本国籍を持っている人が日本人」という当たり前の認識から出発しないといけないと思うんですよ。

さて、ここで**キラー・マイク**の〈Big Beast〉をかけていいですか。実はあまり知らないんですけど、この曲がすごく好きなので。

長谷川　キラー・マイクはジョージア州アトランタ出身のラッパーですね。**アウトキャスト**というデュオがいて、とてもビッグなグループなんですけど、長い間その第三の男みたいな存在だった人です。もう30代後半なんじゃないかな。

大和田　かなりベテランなんですね。この〈Big Beast〉のミュージック・ビデオ、ストーリー仕立てになってるんですけど、ビートが入るところの盛り上がりがすごいです（笑）。かっこいいですよね。

長谷川　ビートがいいですよね。このアルバムも、ロック雑誌の「今年の100

★ノラ・ジョーンズ：ラヴィ・シャンカールを父に持つ79年生まれのピアニスト兼シンガー・ソングライター。一応ジャズ扱いだが、その音楽性は出身地テキサスの風土を反映したカントリー色が強いもの。アウトキャストやQティップとも共演している。

★キラー・マイク：75年アトランタ生まれのラッパー。長らく「アウトキャストの友だち」扱いだったが、13年に結成したラン・ザ・ジュエルズによって商業的な成功も手に入れた。16年の大統領選ではバーニー・サンダースのサポーターとして大活躍した。

★アウトキャスト：アンドレ・3000とビッグ・ボーイからなるアトランタ出身のラップ・デュオ。06年に活動休止。

枚」的な企画ではよくチャート入りしてます。

大和田　このビデオ、ふつうにおっぱいとか出てくるんですよ。

長谷川　南部のラッパーって、わりとストリップ小屋とかがプロモビデオに出てきがちなんですよ。

大和田　なるほど。これも最初見たときにYouTubeで「18歳以上ですか」と出てくるので「何だ？」と思って見てたら、コンビニに行って人を切り刻んだりするんですよ。だからそっちが引っかかったのかなと思ってるんですけど。

長谷川　まあ、両方なんじゃないですか？（笑）

〝最高のリリシスト〟とアルバム未発表の大型新人

長谷川　じゃあ、ここで1曲、**ナズ**いきますか。ナズは東海岸のニューヨークのラッパーで、昔のヒップホップでよく使われていた**ジェームズ・ブラウン**みたいなビートでラップさせれば現役ではたぶん最高のラッパーなんです。だけど、南部のビートに乗せるとぜんぜんダメで、ちょっと時代との擦り合わせがうまくいってなかったんですね。それでも、作詞家としてはつねに評価されてきたわけ

★ナズ：73年クイーンズ出身のラッパー。ゴールデンエイジのスタイルを貫きながら、四半世紀にわたって最高のリリシストの座に座り続ける稀有な存在。16年にはNetflix制作のヒップホップ創世記ドラマ『The Get Down』で製作兼作詞を担当して話題を呼んだ。

★ジェームズ・ブラウン：ソウル・ミュージックの最高神。

なんですが。

大和田　今でもヒップホップ史上、最高のリリシストという人は多いですよね。

長谷川　それでもう開き直って、「俺は流行はもういい」となって、近年まれに見る良いアルバム『Life Is Good』というのを出しました。

大和田　お嬢さんのために作ったアルバムとも言われています。

長谷川　この人、離婚でもめて高嶋政伸状態だったんですけど、それを乗り越えて「人生はいいもんだ」という境地にたどり着いたんですね。この〈Cherry Wine〉という曲は、亡くなった**エイミー・ワインハウス**が生前録っていたヴァースを使った曲。プロモビデオでナズがなぜかバーテンを演じているのが笑えるんですけど（笑）。

大和田　ナズは、90年代の東海岸を代表するラッパーで、さきほどの文脈でいうと、サウスのヒップホップをもっとも批判してきたひとりともいえます。このアルバムでもビートは基本的に2拍4拍のバックビートで東海岸的ですね。

長谷川　この人はこれをやってれば最高なんだからいいんじゃない？　と思いますけど。

大和田　そうですね。やっぱりクオリティは高いと思いました。

★エイミー・ワインハウス：83年生まれの英国人シンガー。レトロ・ソウルな音楽性で人気を博したものの、11年にオーバードーズで急死。その死さえなければ、アデルは今ほどビッグにはならなかっただろう。そういう意味においてはジェイZにとってのノトーリアスBIG的存在と言える。

長谷川　いや、すばらしいアルバムですよ。これ、アルバム・ジャケがすごいんですよね。離婚した奥さんが結婚式で着てたドレスを握りしめて、こっちを見つめているという（笑）。

大和田　**マーヴィン・ゲイ**の『離婚伝説 Hear My Dear』というアルバムがそういう感じでしたよね。

長谷川　『離婚伝説』のヒップホップ版って言われてるんですよ。

大和田　やっぱり（笑）。

長谷川　ナズって、ジェイZとは違ってアパレルとかサイドビジネスはやっていない人なので、スターではあるけどそんなに金持ちというわけではない。でも奥さんだったケリースという人が「年5000万円よこせ」とかめちゃくちゃなことを言ってたんですね。それに対して、みんな「ナズにはそれは無理だろう」って総突っ込みを入れてくれたおかげで何とか妥当な条件で離婚できたという。それでも『Life Is Good』なんですよ。娘がかわいいから。

大和田　まわりのみんながナズの適切な慰謝料を決めるって微笑ましいですね。そういえば慰謝料を払うためにアルバムを作るって、けっこうありますよね。

長谷川　ありますね。あと、ミュージシャンでもない女の人の名前が共作者に入っ

★マーヴィン・ゲイ：39年生まれのR&Bシンガー。『離婚伝説』は78年にリリースしたアルバムで、妻アナへの慰謝料支払いのために製作された私小説的な作品。実はファンキーな曲が多めで〈Is That Enough〉〈Time To Get Together〉といった人気ネタ曲が収録されている。84年没。

てるパターンとか。

大和田　「私の名前を入れろ」と（笑）。

長谷川　そうそう（笑）。次はニューヨーク繋がりということで、**エイサップ・ロッキー**の〈Peso〉をかけましょうか。

大和田　12年中にデビュー・アルバムが出ると言われていたのに結局出なかった大型新人ですね。

長谷川　彼はニューヨークのハーレム出身なんですけど、ナズと違ってサウスに影響されたヒップホップをやっているんですよ。

大和田　そのあたりも新世代ですよね。

長谷川　サウスのノリを自分に取り入れてて、かつ、さっきのケンドリック・ラマーとかオッド・フューチャーみたいな閉塞感とか、孤独感を表現しています。

大和田　いやあ、これもかっこよかったですよね。

長谷川　音だけを聴くと、ニューヨークのラッパーだとは思いませんよね。でも景色を見ると、ニューヨークだってことがわかる。彼はおしゃれなんですよ。スポーツ・アイテムでも**Y3**とか着てますからね。

大和田　少しわかりにくかったかもしれませんが、この曲はデビュー・アルバムの

★エイサップ・ロッキー：88年ニューヨーク生まれ。母親がラキムの大ファンだったため、本名はラキム・メイヤーズ。地元の仲間とエイサップ・モブを結成してミックステープを発表。13年にメジャー・デビューした。ファッション・センスが異様に高く、その手のアイコンとしても知られる。

★Y3：日本人デザイナーの山本耀司がアディダスと設立したスポーツ・ファッションブランド。

シングルではなくて、ミックステープの収録曲なんですよね。

長谷川　そう。ミックステープで、ネットでタダで手に入るフリー・アルバムのプロモ・ビデオという、わけのわからないものです（笑）。

大和田　しかも、このクオリティの高さ（笑）。そしてこの曲が発表されてから2年くらい経ってもまだメジャー・アルバムが1枚も出てないという。

長谷川　でもすでにスターになっていて、あのSouth By Southwestというでっかい屋外フェスでは、2万人くらいがこの曲を大合唱してるという。

大和田　意味がわかりませんよね。まだアルバム1枚も出してないのに（笑）。

長谷川　エイサップもいっぱいいるんですよね。エイサップ・ロッキーだけじゃなくて。

大和田　エイサップ・モブと呼ばれるクルーですよね。エイサップのSがドルサインで、エイサップ・ファーグとかエイサップ・アントとかエイサップ・トウェルヴィーとか、みんなエイサップと名乗ってます。ニューヨークから久々に出てきたメジャー級のラッパーで、でもサウンド面ではサウスの良いところを使っている。

長谷川　かつ、ちょっとニューヨーク的な端正さも。

大和田　そう、おしゃれでニューヨーク本来の感じもあって、すごい絶妙なバランス感覚だなと思いましたね。

長谷川　彼は売れると思いますよ。皆さんも聴いていただければと思います。

4つ打ちヒップホップを巡る二極分化

大和田　ここまで12年のヒップホップ・シーンをみてきましたが、ビルボードのチャートを見ていると、基本的にはバスドラムを1小節に4拍鳴らす、いわゆる4つ打ちのヒップホップが流行ってますよね。

長谷川　**フロー・ライダー**や**ピットブル**とかの4つ打ちテクノ／ハウス系のイケイケのヒップホップですね。

大和田　フロー・ライダーの〈Wild Ones〉を聴いてみましょう。

長谷川　一般的には「あの人たちって何なんだろう?」って感じになると思うんですけど、彼らは、基本的にはサウスの延長線上にある人たちなんです。2人ともマイアミ出身でビートは4つ打ちなんだけど、ラップのリズムをよく聴くとクラーベのリズムでフローしていることがわかる。一見チャラいけど、ちゃんと聴

★フロー・ライダー：07年にデビューした79年フロリダ出身のラッパー。好きな食べものは吉野家の牛丼。

★ピットブル：81年マイアミ生まれのキューバ系ラッパー（本名アルマンド・クリスティアン・ウリア・ルイス・ペレス）。リル・ジョンに認められて04年にデビューした。アゲに徹した音楽性で、本国以上に中南米やヨーロッパで高い人気を誇り、Mr.ワールドワイドの異名を持つ。

くと音楽的にはけっこうおもしろいかなと思いますね。

大和田 ラップもスペイン語まじりだったりしますよね。

長谷川 ピットブルはキューバ系ですからね。

大和田 その4つ打ちの代表格で、**ニッキー・ミナージュ**にいきましょう。曲は〈Starships〉です。

長谷川 ニッキー・ミナージュは、元々はニューヨークの子なんです。

大和田 **ラガーディア高校**出身。アート系ではわりとエリート校ですよね。

長谷川 でも地元では芽が出なかったんです。マイアミに本拠があるリル・ウェインのヤングマネーキャッシュマネービリオネアズに加入してスターになった。この〈Starships〉は、みなさんどこかで聴いてるんじゃないかと思いますけど。

大和田 とにかく大ヒットしましたよね。このニッキー・ミナージュって、一般的に見てかわいいタイプではないと思うけど、とにかくチャーミングですよね。

長谷川 彼女がユニークなのは、従来のいわゆるソウル・シスターじゃなくて、日本のギャル文化にすごく影響を受けてることなんです。別名でHarajuku Barbieとか名乗ったりしている。ただ、日本のギャル文化を曲解していて、女子の尊厳を守るために自分はこういう格好しているんだと言っている。

★ニッキー・ミナージュ：82年トリニダード・トバゴ出身。父親はこの国に多いインド系で、本名はオニーカ・タニア・マラージ。ニューヨークで育ったが、高いラップ・スキルと地域性を打ち破る音楽性、そしてカラフルなファッションによって女性トップ・ラッパーの座に君臨している。

★ラガーディア高校：ニューヨークのマンハッタンにある公立の芸術高校で、演劇や音楽の世界で活躍する人材を輩出している。映画『フェーム』の舞台でもある。

大和田　（笑）。でも、たしか**宮台真司**さんも90年代にそう言って渋谷のセンター街のコギャルを擁護してました。それは女性の自立なんだと。

長谷川　モテじゃなくて、フェミニズムの体現者としてのギャルなんだ、ということですね。

大和田　そうです。それで町蔵さんに訊きたかったのは、ニッキー・ミナージュのこの曲もいわゆる4つ打ち系というかヨーロッパ的なサウンドで、じつはヒップホップ・コミュニティではかなりディスられましたよね。「お前はヒップホップを捨てるのか」と言われたり。あれはどういうふうにとらえてますか？

長谷川　ただね、ディスられたのは、おもにニューヨークでなんですよ。HOT97というニューヨークではとても影響力のあるラジオ局があって、そこのフェスに呼ばれたんですね。でもそのとき、DJが「〈Starships〉はヒップホップじゃないから俺は好きじゃない」みたいなことをさんざん言ってたことを知った親分のリル・ウェインが「おいニッキー、帰るぞ」って言って連れて帰っちゃったんですよ（笑）。当日にぶっちぎった。

大和田　（笑）。

長谷川　それでモメたんですけど、やっぱりその根底には、ニューヨークのヒップ

★宮台真司：90年代に女子高生の援助交際を可視化したことで広く知られる社会学者。1959年生まれ、仙台出身。

ホップに係る人たちが、いまのヒップホップの主流のサウンドというものに対しての嫌悪感をもってるということがあるんですよね。

大和田　たしかにそれもありますが、たとえば**ドレイク**というラッパーが「俺は流行の４つ打ちの曲ではラップしないよ」とわざわざ言ってみたりする状況がある。だから、ヒップホップ・コミュニティのなかにもいまの４つ打ち系の流行に不満を持っている人は結構いるように思うんです。

長谷川　それはあると思います。特にR&Bのほうが二極分化していて、**アッシャー**とかが完全に４つ打ちに行っちゃっている一方で、「いや、俺はそっちには行かない」と表明してる人もいますね。

ＴＰＰとしてのアジア系ヒップホップ――ＰＳＹ《サイ》登場の背景

大和田　最後に、ある意味で12年を代表するというか、YouTubeで再生回数がもっとも多かったヒップホップの曲を流しましょう。**ＰＳＹ**の〈江南《かんなむ》スタイル〉です。

大和田　ＰＳＹは韓国系アメリカ人ではなく生粋の韓国人で、この曲ももとはアメリカのマーケット向けに発売したわけではないんですよね。

★ドレイク：86年生まれ。父はラリー・グラハムの兄弟で、ドラマーだったが、カナダ人の母親はユダヤ系白人であり、ドレイクもトロントで育った。当初は子役俳優として活躍し、「Degrassi:The Next Generation」でスターに。この知名度を背景に発表したミックステープが話題を呼んで、リル・ウェインのヤングマネーと契約。デビューするなりトップラッパーとなった。

★アッシャー：78年生まれのR&Bシンガー。ショーン・パフィ・コムズにはじまり、ジャーメイン・デュプリ、リル・ジョン、トリッキー・スチュアート、ゼイトーヴェン、そしてメトロ・ブーミンと、常にそのとき旬の人材をアルバムに起用し続けているトレンドセッターでもある。

長谷川　「ゲテモノじゃないか」って日本のネットではよく言われるんですけど、じつはこの曲はいろいろと深い。

大和田　深いです。

長谷川　要するにサウンドが完璧にいまのアメリカの流行のど真ん中なんですよ。あと、基本のビートは4つ打ちっぽいんですけど、「ターン・タンタン・ウン・タンタン」と拍子がとれて、さっきのクラーベも踏まえてるんです。だから、要するに音楽的には流行ど真ん中のところに、何故か韓国人のおっさんっていう唯一の違和感が存在する。

大和田　（笑）。

長谷川　ヒップホップは一定のルールの中で差異を競い合うゲームなので、流行のサウンドという土俵に乗らないといけない。だからこの曲は土俵に乗ってるんですよね。日本では「こんなおっさんが売れるんだったら、**きゃりーぱみゅぱみゅ**の方が売れるんじゃないか」とか言われますけど、きゃりーも本気で売れたいんなら中田ヤスタカを切ってこういう音楽をやらないと土俵には乗れないわけです。良い悪いじゃなくて、アメリカのポピュラー・ミュージックっていうのは今やそういう音楽なんですよ。

★PSY：77年韓国ソウル出身。本名パク・チェサン。ソウルの高級住宅街をネタにした12年曲〈江南スタイル〉がYouTubeで火がつき、ビルボードのシングル・チャートで最高2位を獲得した。

★きゃりーぱみゅぱみゅ：93年西東京市出身のファッション・モデル兼シンガー。プロデュースを中田ヤスタカが担当し、「Kawaii」センスを炸裂させたビジュアル感覚はレディ・ガガらにも絶賛された。

大和田　キャラが立ってますよね。見た目も漫画的だし。この顔ってアジア系アメリカ人のステレオタイプを受け継いでいるんですよ。それこそ**フー・マンチュー**や**チャーリー・チャン**以来のアジア系のキャラクター。しかもこの「乗馬ダンス」と呼ばれる振り付けも話題になりました。

長谷川　これは僕の勝手な妄想でしかないんですけど、PSYは音楽におけるTPPなんじゃないかと（笑）。

大和田　というと？

長谷川　K-POPって、韓国歌謡の伝統を意識的に切って、世界の方に合わせちゃったわけでしょう？　だからこそ、国内向けに作った音楽でも世界中でウケた。

大和田　ああなるほど。日本はガラパゴスとか言いますけど、それだけじゃなくて海外から輸入しても独特の屈折が入っちゃう。

長谷川　日本の場合、人口が1億2000万人いますから、国内市場だけで音楽産業が成り立っちゃうというのもあります。その証拠にヨーロッパで言うと、人口が多いドイツはあんまり国際的に成功してないんですよ。売れているのはやっぱりスウェーデンとかノルウェーなどの人口が少ない北欧の国なんですよね。外で

★フー・マンチュー：英国人作家サックス・ローマーが創造したドジョウ髭がトレードマークの架空の中国人。東洋人による世界征服を企む悪党。
★チャーリー・チャン：アメリカの推理小説家アール・デア・ビガーズが創造した中国系の警部。山羊髭や細い目、合理主義を超越した思考法などによって、アメリカ人の東洋人観に強い影響を与えた。

金を稼いで食ってくために、自分たちの民族的なものよりも世界標準の音楽に合わせていくわけです。

大和田　グローバリゼーションへの対応が早いと。

長谷川　**リアーナ**のヒット曲を沢山手がけている**スターゲイト**というプロデュース・チームがいるんですけど、ノルウェー人なんですよ。アメリカ人でも黒人でもない。

大和田　でも、**少女時代**のアメリカでのセールスは微妙だったようですよね。

長谷川　あれは**テディ・ライリー**をプロデューサーに起用したというのが、時代からズレすぎていたと思います。

大和田　一世代前というか、二世代くらい前の感じ……。

長谷川　少女時代のアメリカ進出は「あのマイケル・ジャクソンのプロデューサーと組んだ」というキャッチフレーズ欲しさの、アジア向けプロモーションだったんじゃないかと僕は思ってますけどね。本気でアメリカでヒットを狙うんだったら、今テディ・ライリーはないでしょう？

大和田　でもそれって、逆に日本にありがちなプロモーションですよね。**吉田美和**のバックで**チャック・レイニー**や**ハーヴィー・メイソン**が演奏してたりとか、要

★リアーナ：88年バルバドス生まれ。15歳のとき村祭りで歌っているのを、バカンスにやってきていた業界関係者に偶然発見されて、デフ・ジャムと契約。その後の大活躍は言うまでもない。

★スターゲイト：ノルウェー出身のプロダクション・チーム。主にR&Bを手がけているが、ウィズ・カリファの大ヒット曲〈Black and Yellow〉も彼らによるものである。

★少女時代：07年にデビューした韓国のガール・グループ。朝鮮語読みはソニョシデ。

★テディ・ライリー：80年代末から90年代にかけてニュージャック・スウィングのスタイルを確立、一世を風靡した、67年ニューヨーク出身のプロデューサー。ボビー・ブラウンやマイケル・ジャクソンなど手がけたヒット作は数多い。ファレル・ウィリアムズの師

するに本国では旬を過ぎたミュージシャンが日本に出稼ぎにくるのは、結局プロデューサーが自分たちが若いころに好きだったミュージシャンに声をかけているだけという。

長谷川　少女時代の中の人は、ニュー・ジャック・スウィング世代だったのか（笑）。

大和田　そう考えるとPSYは見事ですよね。

長谷川　彼はタイミングも良かったんですよ。ちょっと前にはフォックスのテレビドラマ**『glee／グリー』**で中国系のダンサーのハリー・シャム・ジュニアという踊れる俳優が人気者になっていました。あとLA出身の**ファーイースト・ムーヴメント**というグループは全員アメリカ人なんですけど、中国、日本、韓国系なんですね。彼らも4つ打ちのダンス曲で〈Dirty Bass〉をヒットさせています。

長谷川　MTVにヒップホップ系の『America's Best Dance Crew』というリアリティ番組があって、それは一般視聴者の投票で勝ち負けが決まる番組なんですけど、西海岸のアジア系のダンスチームがずっと優勝しているんですよ。この番組で優勝した**クエスト・クルー**というダンスチームのHokutoくんという日本人は、**LMFAO**のプロモ・ビデオの振付けを全部やっていて実質的な準メンバーなんです。プロモ・ビデオにも必ず出てきてツアーでも自分らのダンス・コーナーを

匠でもある。

★吉田美和：日本のポップ・デュオ、ドリームズ・カム・トゥルーのヴォーカル。リーダーの吉田正人はEW&Fのモーリス・ホワイトの信奉者で、95年のソロ作にはチャック・レイニーやハーヴィー・メイソン、デヴィッド・T・ウォーカーが参加している。

★チャック・レイニー：40年オハイオ生まれのベーシスト。R&Bやジャズ・フュージョンにおけるエレキ・ベースの奏法を確立した偉人のひとり。アレサ・フランクリンからスティーリー・ダンまで参加セッションは膨大。

★ハーヴィー・メイソン：47年生まれのセッション・ドラマー。

★glee：09年から15年にかけて全米で放映されていた学園ミュージカル・ドラマ。ストーリーとシンクロする形で様々

もらっているという。ライヴ映像から〈Quest Crew's "The Shop"〉を見てもらいましょう。

大和田　Hokutoくんは日系ではなく日本人？

長谷川　日本人です。渡米してアジア系のダンスチームに加入したんですね。

大和田　こういうふうにアジア人がどんどん活躍すると、見てる方も違和感がなくなってくるし、すごいことですよね。

長谷川　なのでサングラスをかけて、ポマードでオールバックにしているか坊主頭で、背は低いけど踊れてかっこいいというのが、いまのイケてるアジア人のイメージなんです。

大和田　でもそれもゼロ年代以降の話ですよね。もちろん『glee』もそうですけど、アメリカの映画やテレビでも確実に「アジア系」枠が増えていて面白いです。

長谷川　こういう「踊れるアジア系ってかっこいい」みたいな空気が熟成されていたところにPSYが出てきたんです。アジア系ってそんなに人口は増えてないですよね。

大和田　いや、実は増えてるんですよ。増加率でいうとヒスパニックよりも高くて、ここ10年でいうとすべてのエスニック・グループの中で一番増えてます。それで

な既存曲がカバーされた。

★ファーイースト・ムーヴメント：03年にロサンゼルスで結成。メンバーは韓国系2名と日系と中国系のミックス一名、フィリピン系一名。「坊主頭もしくはオールバックの髪型にサングラス、スーツというでたちでクラブでむちゃくちゃ遊ぶ」という21世紀の東洋人像をアメリカで普及させた。

★クエスト・クルー：カリフォルニアで結成されたダンスクルー。コンペティション番組『America's Best Dance Crew』の第3シーズンで圧倒的な優勝を果たし、「アジア系はダンスが下手」という偏見を消し去った。Hokutoこと小西北斗は中心メンバーでLMFAOの振付も手掛けている。

★LMFAO：モータウンの創始者ベリー・ゴーディの末

も全体の5パーセント弱ですけど。あと、この「踊れるアジア系」というイメージは、一昔前の「カンフーするアジア系」の変奏だと思います。どちらも鍛えられた身体の様式美であり、もっというとそれは「寡黙なアジア系」というステレオタイプとセットになっている。

お笑い芸人だと思えばわかりやすい

大和田　このあたりでまとめに入りたいのですが、まず前提条件としてヒップホップに興味を持っている学生がものすごく少ないということがいえると思います。アンケートなどをとってよくわかるのは、率直にいってヒップホップのことを「頭が悪そうな人たちの音楽」というふうにとらえている人がいまだに多いということです。ギャングスタ＝不良というイメージが強いんだと思いますが。

長谷川　まあ、そりゃそうでしょうね（笑）。

大和田　不良っぽい＝頭が悪い、内省的＝インテリという図式もどうかと思いますが、そういう意味でもヒップホップのサウンド自体が時代に沿って変化している、ということですよね。

っ子ステファン・ケンダル・ゴーディ（75年生まれ）と孫のスカイラー・オースティン・ゴーディ（86年生まれ）が、それぞれレッドフー、スカイブルーを名乗って結成したエレクトロ・パーティー・ラップ・デュオ。11年に「Party Rock Anthem」が全米最高1位の大ヒットに輝きながらも、翌年あっさり無期限活動休止してしまったのも、そのお坊ちゃん気質のなせる技である。

長谷川　そうですね。ラッパーたちはロック・ミュージシャンと同じような人たちじゃなくて、基本的にお笑い芸人みたいなものだと思った方が、彼らの魅力がわかりやすいと思います。お笑い芸人って平気で女性蔑視的なことを言ったり、俺はこんなに稼いだんだという話をしてるけど、それはそれで頭がいい奴らだっていうことですから。

大和田　松本人志とか完全に「頭がいい」というイメージですからね。キレるというか。

長谷川　キレるって思われるし、別に女の子からも嫌われてない。そういう感じがラッパーだと思えば、彼らへの違和感も少しは薄れるんじゃないかな。だからすごいワイルドに見える、たとえばさっきのビッグ・クリットとかでも、じつは技術的にはすごく細かいことをやってるわけで、それはやはり知的じゃないとできないんです。表現形態としてああいう形をとっているだけで。

大和田　知的だし、スキルを要する。お笑いのつっこみのタイミングとか、間とか、ノリツッコミだとか、そういうのと同じようなスキルがラップにはある。

長谷川　ただそれが自己表現というんじゃなくて、どちらかというとその場を盛り上げるとか、ウケたいという気持ちが先にある。だから自分の考えたことがそのまま音に出てくるロックとは、聞こえ方がちょっと違うんですね。

大和田　基本的なルールはヒップホップという「場」で設定されているので、それに基づいて展開されるゲームということですよね。

では最後に、12年のシーンの全体的な印象はどうですか、町蔵さん。

長谷川　盛り上がっていたと思いますよ。

大和田　ヒップホップのファンって、いつの時代のヒップホップを聴いてたかでぜんぜん違うんですよね。90年代しか聴いてない人の中には「もうヒップホップは完全に終わった」という人もいる。最初に言ったように、ギャングスタ・ラップやダーティー・サウスのように、シーンでパラダイム・シフトが起きるたびにファンをやめる人も出てくる。それで思うんですが、たとえばモダン・ジャズって誕生したのが1940年代ですよね？　それが70年代になると、ジャンルとしてはもうなんだかよくわからない感じになってるじゃないですか。

長谷川　もうフリー・ジャズの時代？

大和田　あとはフュージョンですよね。それでヒップホップの登場が70年代だとすると、もう40年近く経ってるわけです。いわゆるビバップ的なもののその後の変化と比べても、ヒップホップというジャンル自体は相当がんばってるんじゃないかなと思ったんですが。

長谷川　そうですね。もし変化があるとしたら、ピットブルやフロー・ライダーの流れ、いわゆる4つ打ちの**EDM**がヒップホップと言われなくなる可能性はありますけどね。

大和田　その点でよくいうのは、70年代にファンクが誕生して、それがやがて4つ打ちのディスコになったときに、黒人コミュニティの中でもアンチ・ディスコみたいな動きがありました。黒人音楽ライターの第一人者、**ネルソン・ジョージ**の著書『リズム&ブルースの死』（1990、早川書房）は結局「ファンクという黒人音楽がヨーロッパの白人に搾取されてディスコになった」という図式で書かれていて、これはヒップホップとEDMの関係にも似ていると思うんですよ。だから、ヒップホップ・シーンに4つ打ちがどのように受け入れられていくのか、それとも受け入れられないのか、そのコンセンサスの形成過程を興味深く見守っています。さっき町蔵さんもおっしゃったように、今の時点でも意見が一枚岩じゃないというか、「これ、ヒップホップじゃないんじゃないの?」みたいなのと、「まあ、いいんじゃない?　売れてるから」みたいなのがありますよね。

長谷川　そうですね。その葛藤の壁が決壊して違うジャンルになだれ込んでいく可

★EDM：Electronic Dance Musicの略称。ヨーロッパで勃興、ゼロ年代にアメリカでも人気を確立した。音楽的にはハウスやテクノの要素が強いものの、カルヴィン・ハリスやデヴィッド・ゲッタはヒップホップへの造詣も深く、彼らのアルバムには多くのラッパーが参加している。

★ネルソン・ジョージ：57年生まれの黒人音楽評論家。主な著書に『リズム&ブルースの死』『ヒップホップ・アメリカ』など。スタジオ・ギャングスタを風刺したコメディ映画『CB4』（93年）やテレビドラマ『The Get Down』（16〜17年）ではプロデュースと脚本にも関わっている。

能性もあるとは思います。

大和田　その可能性はありますよね。というわけで、２０１２年のヒップホップ・シーンを振り返ってみました。

［２０１２年12月　慶應義塾大学三田キャンパスにて］

A$AP Rocky
エイサップ・ロッキー

Live Love. ASAP

2011
Self label

エイサップ・ロッキーの初ミックステープ。ハーレム出身でありながら、スクリューを取り入れたリード曲〈Peso〉をはじめ、サウスのサウンドを大胆に取り入れたナンバーが目立つ。しかし本人の物憂げなラップは紛れもなくニューヨークならではのもの。本作の好評価を背景に彼のクルー、エイサップ・モブはソニー系列との配給契約に成功。ニューヨーク勢の逆襲のきっかけを作ったのだった。 **H**

Drake
ドレイク

Take Care

2011
Cash Money Records

セカンド作。内省的だがフレンドリーでもある本人のパーソナリティーを反映したサウンドを構築したのは子役時代からの親友ノア40を中心とした旬のプロデューサーたち。リル・ウェインやニッキー・ミナージュ、アンドレ3000などゲストは大物中心だが、当時まだ無名だったウィーケンドとケンドリック・ラマーも顔を見せる。この目のつけ所の良さがドレイクをシーンのトップに押し上げたのだ。 **H**

Jay-Z / Kanye
ジェイZ／カニエ・ウェスト

Watch the Throne

2011
Roc-A-Fella Records

カニエ・ウェストが前年の傑作『My Beautiful Dark～』で掴んだプロダクション上のノウハウを活かしながら、兄貴分ジェイZを招くことでラップ・パートを強化した作品。ヒットボーイが手がけたクラブ・アンセム〈N**as in Paris〉をはじめ、スウィズビーツやファレルが絡んだ強力チューンが並ぶ。そんな中、カニエが珍しくひとりでトラックを作ったシンプルな〈Otis〉が良いアクセントになっている。 **H**

Lil Wayne
リル・ウェイン

Tha Carter IV

2011
Cash Money Records

ジェイZ（本名・ショーン・カーター）に対して「俺こそがカーター」と主張する本名ドウェイン・カーターによるシリーズ第4弾。当初は「王者に若手が挑戦」感を漂わせていたのだが、シーンの主流はもはや南部なわけで、本作には貫禄すら漂う。ハリー・ベラフォンテ〈バナナ・ボート〉を解体しまくった〈6 Foot 7 Foot〉を筆頭にラップ妖怪の舌技が全編で冴え渡っている。 **H**

LMFAO
LMFAO

Sorry For Party Rocking
2011
Cherrytree Records

モータウンの創始者ベリー・ゴーディー・Jr.の息子と孫による宇治十帖チックなコンビが、親友ウィル・アイ・アムのレーベルからリリースしたセカンド作。夜遊びの達人だからこそ作れたアゲアゲ曲〈Party Rock Anthem〉は、世界中の夜を盛り上げる文字通りのパーティ・アンセムとなった。本作を最後にあっさり活動休止してしまったのも、いかにもドラ息子たちの余興っぽくてイイ。 **H**

Pitbull
ピットブル

Planet Pit
2011
J Records

ニーヨやアフロジャックとの共演によるナンバーワン・ヒット〈Give Me Everything〉収録。シンセバリバリのEDMチューンで全編埋め尽くされているが、乾いたリズム処理はラテン由来のもの。サルサの貴公子マーク・アンソニーやエンリケ・イグレシアス、レゲエのショーン・ポールといったゲストのチョイスでもわかる通り、ピットブルの視線は合衆国ではなく、カリブ海ごしに広がる全世界にある。 **H**

Big K.R.I.T.
Big K.R.I.T.

Live From The Underground
2012
Def Jam Recordings

甘いオールドR&Bのサンプル音に絡みつくTR-808のカウベル。そんなブルージーで暖かい南部ヒップホップの伝統を今に受け継いだメジャー・デビュー作。驚くべきは、こうしたトラックをほぼ全曲本人が手がけていること。ゲストは8Ball & MJGやバンB、リュダクリス、2チェインズといったサウスのVIPのほかに歌とギターでB・B・キングまで登場。これがマジでイイ出来。 **H**

Bruno Mars
ブルーノ・マーズ

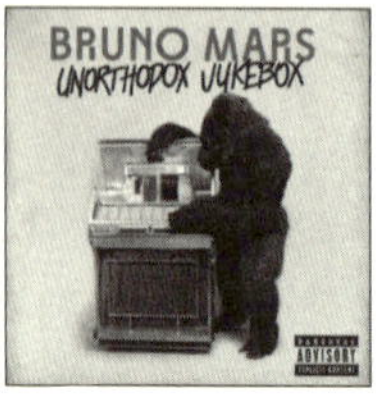

Unorthodox Jukebox
2012
Atlantic

マーク・ロンソンやディプロらがサポートしたセカンド作。ヴォーカルの安定感はそのままに、まるでポリスな〈Locked Out Of Heaven〉からディスコブギー・ブームの一翼を担った〈Treasure〉、王道バラード〈When I Was Your Man〉まで、音楽的な幅はぐっと広がっている。一方でジャワイアンな〈Show Me〉もさくっと披露し、故郷ハワイのことも忘れちゃいないぜと胸を張るブルーノなのだった。 **H**

Far East Movement
ファー・イースト・ムーヴメント

Dirty Bass
2012
Cherrytree Records

PSYとBTS（防弾少年団）のアメリカにおける成功の前に彼らがいたことを決して忘れてはいけない。ハイ・テンションなダンス・チューンに埋め尽くされた本作のサウンドは、LA以上にアジアの都会の夜を想起させるものだ。ジャスティン・ビーバーがフックを歌ったレッドワン製作曲〈Live My Life〉とバルバドス出身のカバー・ドライブとの共演曲〈Turn Up The Love〉は世界各国でヒットした。**H**

Flo Rida
フロー・ライダー

Wild Ones
2012
Atlantic

ジャケのファッションとタイトルが、同じ年にブレイクしたスギちゃんと被っていたことでも話題を呼んだヒット作。EDMブームに乗って4曲もの全米トップ10ヒットを生んだが、特に高揚感に満ちたタイトル曲はフックを歌ったシーア（本当はケイティ・ペリーが歌う予定だったがガイド用の仮歌があまりに良すぎて本バージョンに採用された）が注目されるきっかけを作ったことでも重要。**H**

Frank Ocean
フランク・オーシャン

Channel Orange
2012
Island Def Jam

前年のミックステープ『Nostalgia, Ultra』で〈ホテル・カリフォルニア〉を無断引用されたイーグルスのドン・ヘンリーは「アイツに才能なんてない」とフランク・オーシャンを罵倒した。だがその発言が誤りだったことはこのデビュー・アルバムが証明している。ミレニアル世代が共有する「心にあらかじめ備わっている喪失感」を、彼はR&Bのフォーマットを通して見事に表現してみせたのだから。**H**

Kendrick Lamar
ケンドリック・ラマー

Good Kid, M.a.a.D City
2012
Aftermath / Interscope

「ガラの悪い街で生まれ育った良い子のラッパー」というと、真っ先にアイス・キューブが思い浮かぶ。キューブは近所の不良になりきることでラッパーになったわけだが、本作のケンドリックは良い子であることを隠さず、自分の視点を通じてコンプトンの現実を描き出してみせる。それによって彼はギャングスタ・ラップの伝統を活かしながら、私小説的表現を行なうという離れ業に成功したのだ。**H**

Killer Mike
キラー・マイク

R.A.P. Music
2012
Williams Street

全曲のプロデュースをエル・Pに委ねたことで、東海岸至上主義者にもラップ・スキルの高さを知らしめた充実作。時代錯誤な太いビートと熱いラップは若いリスナーにも新鮮さをもって受け入れられた。本人も手応えを感じたのか、エル・Pとラン・ザ・ジュエルズの結成へと流れ込んでいったのだった。タイトルはRebellious African People Music（反抗的なアフリカ系の人々の音楽）とのダブル・ミーニング。 **H**

Macklemore & Ryan Lewis
マックルモア&ライアン・ルイス

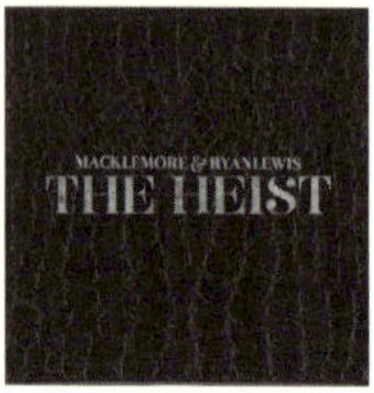

The Heist
2012
Macklemore & Ryan Lewis

ヒップホップのパフォーマーに求められるのは〝リアルさ〟である。古着屋のショッピングや同性愛を肯定してみせた彼らは、シアトル出身の白人であることにとことんリアルだった。だからこそ純粋インディ産でありながら巨大な成功を獲得できたのだろう。トラックは若干チープではあるものの、マックルモアのラップとこの時点でスクールボーイQとアブ・ソウルをゲストに迎えるセンスは本物だ。 **H**

Meek Mill
ミーク・ミル

Dreams And Nightmares
2012
Maybach Music

それまでのフィリー出身者とは一線を画するサウスからの影響濃い音楽性をミックステープで聴かせて注目を集めていた彼が、メイバック・ミュージック入りして放ったメジャー・デビュー作。ナズとメアリー・J・ブライジをゲストに招いているところに親分リック・ロスの期待の大きさを感じさせるが、本人も覇気に満ちたラップでそれに応え、ビルボードで最高2位を記録するヒット作となった。 **H**

NAS
NAS

Life Is Good
2012
Def Jam Recordings

長年の相棒サラーム・レミに加えてノー・I・Dをプロデューサーに迎えた〝離婚記念作〟。シーンの流行を取り入れることを諦めて90年代東海岸サウンドに徹したつもりが、逆にブーン・バップ・ブームに乗って高評価を獲得したわけだからヒップホップって面白い。デビュー作でLife Is Bitch（人生はままならない）とラップしていた彼が人生を遂に肯定したところに時の流れと本人の成熟を感じさせる。 **H**

Nicki Minaj
ニッキー・ミナージュ

Pink Friday: Roman Reloaded

2012
Cash Money Records

デビュー作で最もヒットしたのが実質歌モノの〈Super Bass〉だったことを踏まえて製作されたセカンド。前半にサウスのビートを巧みに乗りこなしたナンバーも収められてはいるが、〈Starships〉から4曲続くレッドワン製作の爆裂EDMチューンがアルバムのイメージを決定づけている。彼女の出身地ニューヨークのヘッズには敬遠されたものの、そのほかの全米および世界中で大ヒットを記録した。 **H**

Schoolboy Q
スクールボーイQ

Habits & Contradictions

2012
Top Dawg Entertainment

ブラック・ヒッピーの仲間のほか、エイサップ・ロッキー、ジャネイ・アイコ、カレンシーらをゲストに招いたセカンド作。マイク・ウィル・メイド・イットやレックス・ルーガー作のトラックや、クリップス時代の体験が込められたリリックは、盟友ケンドリックよりシーンの主流に近く、幅広い支持を獲得。ケンドリックに続いて大メジャー、インタースコープとの契約を獲得することになった。 **H**

2 Chainz
2 チェインズ

Based On A T.R.U. Story

2012
Island Def Jam

ミックステープ・ブームによってキャリアの再構築に成功した元プレイヤーズ・サークルの一員が放ったソロ・デビュー作。リル・ウェインやカニエ、ニッキー・ミナージュら大物をゲストに招いても霞まないどころか、よりアグレッシヴに輝く存在感に惚れ惚れさせられる。ドラマチックなトラックがそれをさらに引き立てる。ドレイクとの共演曲〈No Lie〉はR&Bチャート首位を獲得した。 **H**

Wale
ウェイル

Ambition

2012
Maybach Music

後見人がマーク・ロンソンからリック・ロスに交代したことで持ち前のR&B色濃厚な音楽性が開花したセカンド作。ヒットしたシングル〈Lotus Flower Bomb〉は、フックを歌ったミゲルが客演王として持て囃されるきっかけを作った。ロイドがナヨ声で絶唱する〈Sabotage〉（MVがなぜか学園物！）の甘酸っぱさも最高だ。親分リックのほか、キッド・カディやミーク・ミル、ビッグ・ショーンらが客演。 **H**

第3部
ジャズ×ヒップホップ[1]

ゲスト：**柳樂光隆**（ジャズ評論家）

Talkin' All That Jazz & Hip Hop
Featuring Mitsutaka Nagira

一番ヒップホップに馴染みがある世代

長谷川　今日は**『Jazz The New Chapter　ロバート・グラスパーから広がる現代ジャズの地平』**（２０１４、シンコーミュージック、以下『JTNC』と略）を監修したジャズ評論家の柳樂《なぎら》光隆さんをゲストにお迎え――ヒップホップ的に言うとフィーチャリングして、ヒップホップとジャズについて話していこうと思います。まず柳樂さんがこれまでどんな音楽を聴いてきたか、リスナー歴を聞かせてほしいんですよ。ジャズは当然ですけれども、ヒップホップにも詳しいじゃないですか。

柳樂　僕はもともとレコード屋なんです。10年くらいずっと珍屋《めずらしや》っていう都内のレコード屋で働いて――**ゆらゆら帝国**の坂本慎太郎がロゴを書いてる店です――、最近まではディスクユニオンにいました。勤め始める前に聴いていたのは渋谷系です。

大和田　柳樂さん、何年生まれでしたっけ？

柳樂　１９７９年です。

大和田　僕も渋谷系はもちろん通ってますけど、どういうふうに聴いたかは、たぶん世代差が出てくる気はするんですよね。

★『Jazz The New Chapter』：２０１４年にスタートしたムックのシリーズで、現代のジャズ・シーンを知る上で有用な視座を与えてくれる。18年６月に第５弾が発売された（シンコーミュージック・エンタテインメント刊）。

★ゆらゆら帝国：89年結成、92年インディー・デビューしたロック・バンド。坂本慎太郎を中心にサイケデリック・ロックやアシッド・フォークなどを参照するスタイルは、オルタナティヴ界隈で高く評価された。

柳樂　**小沢健二**の最後の頃が高校生のときです。中学生の頃は**ミスター・チルドレン**を聴いてたんですけど、たしか中学生のときに**フリッパーズ・ギター**が解散した感じですね。

長谷川　ミスチルは最初は渋谷系扱いだったんですよね。

柳樂　そうそう、あと**スピッツ**も。高校生くらいからちょっとずつ洋楽も聴き始めて、大学生くらいからいわゆる**名盤探検隊**とか**ソフトロック**や**モンド**とか、ああいうメジャーのレコード会社が再発して、タワーレコードにずらっと並んでいるようなものをひたすら聴いていました。

長谷川　それってすごい90年代的な聴き方ですよね。

柳樂　たまたま大学の近くにジャズ喫茶があって、そこに行って聴いてるうちにジャズにはまっちゃったっていう。国分寺なんですけど。珍屋はジャズにはむしろ関心ないくらいの店で、**パイドパイパー**的なシンガー・ソングライターものが好きな店でした。なので、僕も**はっぴいえんど**やカントリー・ロック、**バーズ**とかがすごい好きでした。

大和田　自分のフィールドをジャズに決めたのには、なにか決定的な影響とかがあったんですか？　いーぐるの**後藤雅洋**さんと出会ったとか？

★小沢健二、フリッパーズ・ギター：68年生まれのシンガー・ソングライター。和光中学時代に小山田圭吾と知り合い、東京大学在学中にロリポップソニックを結成。89年にフリッパーズ・ギターと改名してデビュー。93年にソロ転身後、スチャダラパーと共演したシングル〈今夜はブギーバック〉が大ヒット。

★ミスター・チルドレン：89年結成、92年メジャー・デビューの、サザンオールスターズに次ぐ国民的バンド。小林武史プロデュースのもと、桜井和寿を中心に90年代以降ミリオンセラーを連発する。

★スピッツ：87年結成、91年メジャー・デビューの日本のロック・バンド。浪人生のような風貌とポップなメロディーを特徴とする。草野マサムネを中心に〈ロビンソン〉、〈チェリー〉など90年代後半

柳樂 後藤さんに出会ったのはずいぶん後です。でも、『ジャズ 知られざる名盤ベスト1000』(1996、学習研究社)っていう、評論家とかが30枚ずつくらい選ぶディスクガイドがあったんですけど、それを読んで、「この後藤雅洋ってやつはなかなかセンスがあるな」って学生のとき思ってました(笑)。

大和田 僕もジャズの入り口は後藤さんの『ジャズ・オブ・パラダイス』(1988、宝島社)なんですよね。これ、語順的には『パラダイス・オブ・ジャズ』じゃないか？ って思いながら読んだ(笑)。18、19歳くらいのときにあそこに載ってるものを片っ端から聴いていった。

柳樂 僕はレア・グルーヴですよ、やっぱり最初は。**レア・グルーヴ**からモダン・ジャズって感じですね。あとは**大友良英**さんとか当時の音響系。

大和田 90年代後半ですよね。**宇波拓**さんとか **Sachiko M** さんとか、あの辺は僕もずっと聴いてました……そう考えると被ってるんですね。ヒップホップはどうだったんですか？

柳樂 ヒップホップはふつうに流行ってる音楽として聴いてましたよ。

大和田 僕がそもそも町蔵さんと『文化系』を作るきっかけになった、ヒップホップの「壁」みたいなものは一切なかった？ すんなり入れたんですか？

にヒット曲を量産。

★名盤探検隊：90年代後半にワーナーが未CD化アルバムをリイシューした企画。ジェシ・デイヴィス『Ululu』、ジュディ・シル『Judee Sill』などアメリカン・ロックやフォークの良質なアルバムが再発された。

★ソフトロック：60年代後半から70年代にかけて、流麗なコーラスワークとエレガントなアレンジを特徴とするロック／ポップスのサブジャンル。90年代ソフトロック・リバイバルを象徴するアルバムは『ロジャー・ニコルス＆ザ・スモール・サークル・オブ・フレンズ』(1968)。

★モンド・ミュージック：B級映画のサントラやラウンジ・ミュージック、あるいはエキゾチックな民族音楽など、いかがわしく、安っぽい音楽の総称。というか、そうした

柳樂　僕が一番最初に買った洋楽のCDが、**レッドマン**のセカンド、頭から地面に出てるジャケットのやつあるじゃないですか。

長谷川　**ファンカデリック**の『マゴット・ブレイン』みたいなやつね（笑）。『Dare Iz a Darkside』。リリースされたのは94年の秋ですね。

大和田　もちろん僕の世代でもヒップホップにふつうに入っていった人もいるし、でもヒップホップにいけなかった人たちも一定数いるわけですけど、柳樂さんの場合はもう所与のものとしてヒップホップがすでにあったって感じですよね。

柳樂　そうですね。中学校の卒業文集に「将来の夢はラッパー」って書いていた友達もいたんで（笑）。

長谷川　その頃は日本のヒップホップ・シーンもだいぶメジャーになってますよね。

柳樂　そうですね。小沢健二と**スチャダラパー**の〈今夜はブギー・バック〉が中学生のときですから。当時はファッション誌がけっこう頑張ってヒップホップの特集を組んでて。カラー6ページぶち抜きのヒップホップ特集を読んで、**ファンク**マスター・**フレックス**とかよくわからないけど買ってみたっていう、そういう時代ですかね。でもヒップホップはファッションでしたね。スニーカーとか。高校生のとき**エアマックス**が流行っていて、エアマックス狩りが起こったし、たぶん

音楽を再評価する際のジャンル的な枠組み。

★パイドパイパー：山下達郎と大貫妙子を擁するシュガーベイブの元マネージャー、長門芳郎が78年ごろに店長となった青山のレコード店パイド・パイパー・ハウスのこと。ウェストコースト・ロックやAOR、アメリカン・オールディーズの品揃えが充実していた。89年に閉店。

★はっぴいえんど：松本隆、細野晴臣、大瀧詠一、鈴木茂によって69年に結成されたロック・バンド。洋楽に強く影響された音楽性と詩情溢れる歌詞で「日本語ロック」と呼ばれるジャンルを切り開いた。72年に解散。

★バーズ：64年に結成されたアメリカ西海岸のロックバンド。ボブ・ディラン作曲の〈ミスター・タンブリン・マン〉が全米6位のヒット。ロ

一番ヒップホップに馴染みがある世代なんじゃないですかね。

大和田 そこからどうやってジャズに行ったのかますますわからなくなった（笑）。柳樂さんの世代のジャズ評論家って、そんなにいないでしょ？

柳樂 いないです。ジャズに関しては、いわゆるレア・グルーヴ系のライターが書いてるんです。しかも、僕より世代がすこし上の人は、みんなジャズの雑誌じゃなくて、クラブ系の雑誌にジャズを書いてたっていう。

大和田 逆に言うと、柳樂さんが上と下の世代を繋いでるということですよね。

レコード・バイヤーによる歴史の書き換え
――『Jazz The New Chapter』の意図

長谷川 柳樂さんが監修した『JTNC』の話をしましょうか。大和田さんはどうでした？

大和田 素晴らしかったですね。先に結論めいたことを言ってしまうと（笑）、まずこの本には、ジャズ喫茶に対するレコード・バイヤーの逆襲みたいな側面があると思いました。これは日本において黒人音楽の情報がどこに集中的に蓄積され

ジャー・マッギンを中心に何度もメンバー・チェンジを繰り返し、フォーク・ロック、サイケデリック・ロック、カントリー・ロックなどのサブジャンルを開拓した。

★後藤雅洋：47年東京生まれ。慶應義塾大学在学時の67年にジャズ喫茶いーぐるを開業。70年代初頭にはロック喫茶ディスクチャートを経営。そこの従業員のひとりがのちにパイド・パイパー・ハウスを開店する長門芳郎であり、大貫妙子や山下達郎はここでシュガー・ベイブを結成する。

★レア・グルーヴ：80年代後半以降、主にイギリスのクラブDJなどによって、これまでジャンルの正統的な歴史では埋もれていた楽曲を再評価する動きが生じる。特にジャズの領域ではクラブでの使用を念頭に「踊れるジャズ」という価値観が浮上、そうして

ているかという「場」の問題と関係があって、ブルースもジャズも、ヒップホップもそうなんですけれども、それぞれに固有のコミュニティがあるじゃないですか。モダン・ジャズの場合はそれがジャズ喫茶に象徴されていたわけですが、この本は執筆者の多くがレコードショップのバイヤーの方々ですよね。この人たちが日頃接している音楽を、ジャズ喫茶的なところは——柳樂さんがおっしゃっているように——これまでほとんど無視してきた。そう考えると日本のジャズ受容において、その中心的な「場」がジャズ喫茶からレコード・バイヤーへと転換したことを意味してると思ったんですよね。レコード・バイヤーの人たちによる歴史の書き換えが意図されているのではないかという。

柳樂　そうですね。それは意図してやったことですね。それと同時に、この本の原稿の多くは、レコード・バイヤーくらいしか書ける人がいなかったとも言えると思います。

大和田　それで何を思い出したかというと、文学の世界で10年ほど前に「**本屋大賞**」が創設されたんですよ。あれもジャズと同じように、文芸評論家の権威の失墜に対して、実際に本と読者をもっともよく知る立場にある書店員が選ぶ文学賞ということで話題になったんです。あるジャンルにおいて「作品の評価」を誰が

発掘された楽曲群を指す。
★大友良英：59年生まれのギタリスト、前衛音楽家。80年代後半より即興演奏を始め、90年代にリーダー・バンド、グラウンド・ゼロを結成。即興音楽のシーンで世界的に注目される。ノイズ・ミュージックやフリー・ジャズの作品を発表しつつ、映画やテレビの劇伴も担当。13年にNHK連続テレビ小説『あまちゃん』の音楽が大ヒット。
★宇波拓：76年生まれのギタリスト、即興演奏家。
★Sachiko M：即興演奏家。サンプラーにプリセットされたサイン波などを用いた即興演奏で知られる。NHK連続テレビ小説『あまちゃん』の挿入歌を作曲、大友良英とともに第55回日本レコード大賞作曲賞を受賞。

担うのかという点で、今回の柳樂さんの本と共通するものを感じました。

長谷川 この本、僕はすごく勉強になりましたね。ヒップホップへのジャズ・ミュージシャンのアプローチっていうのは、主にヒップホップ・サイド——といってもひと括りにはできないですけど——にいると、散発的に誘いをかけては失敗して撤退して、の繰り返しだったと思っているんですよ。少なくとも90年代半ばまでは失敗しかなかったくらいで。それが**ロバート・グラスパー**の世代になって、自然とヒップホップ的なものをやれるようになってきた。逆にヒップホップ・サイドにもジャズ・ミュージシャンのテクニックなり表現力が欠かせないものになってきて、シーンが形成されつつある。それが具体例で示されてて凄いわかったんですね。僕個人のジャズの入り口は父親なので、昭和ひと桁生まれのジャズ・マニア的な感性をすごい持ってるんですよ。もちろんそれとは関係なく、ヒップホップやソウルを聴いてからの流れで聴いたジャズの蓄積もあるんだけど、その2つの人格は融合してないんです。だから、いまからジャズについて話すときに、いきなり昭和ひと桁の保守的な感性が飛び出す可能性が（笑）。

大和田 町蔵さんは会うたびに「僕はもう少し歳をとったらちゃんとジャズを聴く」ってずっと言ってますよね（笑）。

★レッドマン：90年代前半にデフジャム所属のラッパーとして台頭。メソッドマン＆レッドマン名義でも2枚のアルバムをリリース。

★ファンカデリック：70年代に活動したファンク・バンド。ジョージ・クリントン率いる姉妹バンドのパーラメントに比べると、よりサイケデリックロック色の強いサウンドを特徴とする。

★スチャダラパー：88年に結成、90年にデビューした3人組のヒップホップ・グループ。94年に発売された〈今夜はブギー・バック〉には、スチャダラパーがメインのsmooth rapバージョンと、小沢健二がメインのnice vocalバージョンが存在する。

★ファンクマスター・フレックス：67年生まれのDJ、ラッパー。ニューヨークのラジオ局Hot 97で初めてヒップ

長谷川　まだ聴いてないんですけどね（笑）。

大和田　感性が昭和ひと桁だから、たぶんチャーリー・パーカーから順番に聴かないとっていう（笑）。

長谷川　その通り。で、暗闇で腕組みしながら聴くんです（笑）。

柳樂　やっぱり『ジャズ・オブ・パラダイス』ですか（笑）。

長谷川　修行です、ジャズ禅ですよ（笑）。

大和田　10年後に、後藤さんとめちゃめちゃ仲良くなってたりして（笑）。

柳樂　僕、それすごいわかるんですよ。学生のときは暇だったから、ジャズ喫茶には2日に1回くらい行って、とりあえずレコード棚の端から順番に片っ端から聴いてたんですよ。

大和田　この本を責任編集してるわりには、途中で「僕はソロばっかり聴いてる人間なんで」って言ってますよね？　柳樂さん自身の、あのコメントが面白かった。そうなんだ、そっちの人なんだとか思って（笑）。

柳樂　マイルスの『ドゥー・バップ』のくだりですね（46ページ）。担当編集者に「柳樂さん、それ削らなくていいんですか」って言われたんだけど、本当のことだからしょうがない（笑）。

ホップ番組のホストを担当。

★エアマックス：ナイキのランニングシューズのシリーズ。初代は87年に発売。

★本屋大賞：2004年に設立された、NPO法人本屋大賞実行委員会が運営する文学賞。書店員の投票によって受賞作が決定される。

★ロバート・グラスパー：78年生まれのジャズ・ピアニスト。R&Bやヒップホップのミュージシャンとの共演も多く、2012年の『ブラック・レディオ』は第55回グラミー賞で最優秀R&Bアルバム賞を受賞した。

ジャズとヒップホップが遠かった時代

長谷川　『JTNC』では現在のジャズとヒップホップの距離の近さが語られていますけど、まず昔は遠かったという話をしたいなと思います。ジャズとヒップホップの親和性って、これまでも色々な人が語ってきたけど、僕は音楽的な構造として近いものはあったとはいえ、ある時期まではジャズの片思いの度合いが相当強かったと思うんですよ。

柳樂　そうですね。

大和田　それはそうですよね。

長谷川　今日は『アルティメット・ブレイクス・アンド・ビーツ』の収録曲のリストを持ってきたんですけど。70年代のブロック・パーティの時代に**クール・ハーク**や**アフリカ・バンバータ**といったＤＪたちが〝発見〟して、パーティの定番になった曲を収録したブートレグ・シリーズなので、リストを見るとヒップホップがどんな音楽から影響を受けて作られたかが分るんです。じつは収録曲が２００曲以上あるのに、ジャズ・ミュージシャンの曲は10曲もないんですよ。しかもその10曲も、音楽的にはファンクと言い切っていいものばかりで。たとえば〈God

★クール・ハーク：ＤＪクール・ハーク。55年ジャマイカ生まれのＤＪ。２台のターンテーブルを用いて曲の「ブレイク」の長さをコントロールする術を発明。ヒップホップの創始者のひとり。

★アフリカ・バンバータ：57年サウスブロンクス生まれのＤＪ、プロデューサー。ヒップホップのオリジネーターのひとりであり、そのカルチャーの普及を目指すユニバーサル・ズールー・ネイションを設立。

Make Me Funky〉っていう、元々**ハービー・ハンコック**のバックバンドとして結成されたヘッドハンターズが独立してリリースしたアルバムの曲。なのでハービーが鍵盤を弾いていないという（笑）。

大和田　状況論でいうと、要するにジャズが売れなくなったっていうことが大前提としてあって。売れなくなっているという状況のなかで、もうヒップホップを聴いて育った世代がどんどん出てきたときに、ロバート・グラスパーが繰り返し言ってるように、どういうふうに若い人にジャズを聴いてもらうかというのが出発点としてあると思うんですよ。さっきの話でいうと、60年代くらいまでは、実際にはそれほどポピュラリティはなかったかもしれないけれども、アメリカ文化の中でいわゆるモダン・ジャズがカルチャーとして重要だった時代があって、でもそうした考えすらも徐々に共有されなくなってしまう。そうしたなかでヒップホップという新しい黒人音楽のジャンルが出てきたと。

長谷川　それでもジャズ・ミュージシャンたちの方には、自分たちの音楽の伝統の最後にヒップホップを位置づけたいっていう願望はヒップホップ黎明期からあったんです。『JTNC』にも書かれてますけど、**マックス・ローチ**がヒップホップを熱烈的に擁護したんですよ。「パーカーですら超えられなかった西洋音楽の壁

★ハービー・ハンコック：40年生まれのジャズ・ピアニスト、キーボード奏者。ドナルド・バード、マイルス・デイヴィスとの共演を経て、70年代以降フュージョンやエレクトロのサウンドを志向。ヘッドハンターズは73年に結成したジャズ・ファンク・グループ。

★マックス・ローチ：24年生まれのジャズ・ドラマー。40年代に台頭した即興演奏を中心とするビバップと呼ばれるサブジャンルの先駆者のひとり。

を彼らは超えられたんだから、俺は支持せざるをえない」みたいなことを言って、DJとドラムセッションしたりしたんですね。でもそんなローチの言動を粋に感じたDJやラッパーたちが彼の音楽を引用したかっていうと、そんなことはなかった。ヒップホップ界では、一貫して**ボブ・ジェームズ**の方が人気があるんですよ。理由は彼らにとってローチより良いドラム・ブレイクが入っているから。

〈Take Me to the Mardi Gras〉を聴いてみましょうか。

大和田 ドラムスを叩いてるのは誰ですか?

長谷川 **スティーヴ・ガッド**ですね。いやー良いブレイクですね。サンプリングしてくれと言わんばかりの(笑)。事実、ランDMCをはじめ数えきれないアーティストが使っています。

大和田 片方で、黒人文化に対するコンシャスな歴史意識みたいなものも当然あるんだけれども、実際ヒップホップの黎明期からゴールデンエイジくらいまでは、むしろ黒人音楽だけというよりは、かなり雑多にサンプリングしていたわけですよね。しかも黒人音楽じゃなくてもビートとしてヒップホップに定着するケースはかなり多かった。

長谷川 『アルティメット・ブレイクス・サウンド・ビーツ』もメインはファンク、

★ボブ・ジェームズ:39年生まれのジャズ・キーボード奏者。フュージョン・バンド、フォープレイを創設。デビュー・アルバム収録の〈ノーチラス〉はヒップホップ史上、最も数多くサンプリングされた曲のひとつ。

★スティーヴ・ガッド:45年生まれのドラマー。この世代で最も評価の高いセッション・ドラマーのひとり。スティーリー・ダン〈エイジャ〉など数々の名演がある。

★CTI:67年にクリード・テイラーによって設立されたジャズ・レーベル。良質なジャズをよりポピュラーにというコンセプトのもと、フュージョンの前身といえるクロスオーバーの作品を数多くリリース。スムーズでメロウなサウンドを特徴とする。

★ルディ・ヴァン・ゲルダー:24年生まれのジャズ専門

ソウルですけど、ジャズよりはロックの方が多いんですよ。

大和田　もちろんJBとかは定番だけど、簡単にいうとフォー・ビートよりもフュージョンの方がサンプリングしやすかったということですよね（笑）。

柳樂　ボブ・ジェームズはじつはあまり関係なくて、**CTI**サウンドがウケたんじゃないかって思ってて。まあエレクトリックじゃなければ使えなかったんですよね。やっぱりいわゆるブルーノート的な、**ルディ・ヴァン・ゲルダー**の録音はまだ使えないんですよ。ただブルーノートLA時代のものになると使える。だからいわゆる**ドナルド・バード**、**ボビー・ハンフリー**とか、**マリーナ・ショウ**になると、使えるんです。

大和田　それこそレア・グルーヴ系ですよね。

柳樂　それはたぶんレコーディングの問題とかで、だからCTI、フュージョンって、使いやすいんですよ。

長谷川　いわゆるジャズ親父的な感性でいうと、ジャズじゃない音楽ですよね。

柳樂　そうなんですよね。

大和田　まあでもこの本全部がたぶんそういう話なんで（笑）。

長谷川　ヒップホップ支持派のジャズ・アーティストで、実際にヒップホップ・サ

レコーディング・エンジニア。可能なかぎりマイクを楽器に近づけてレコーディングすることで知られ、その温かみのあるサウンドはモダン・ジャズを体現する。

★ドナルド・バード：32年生まれのジャズ・トランペット奏者。アート・ブレイキーなどとの共演を経て、60年代末にはジャズ・フュージョンやR&Bの領域でもレコーディングを行なう。

★ボビ・ハンフリー：50年生まれのジャズ・フルート奏者兼シンガー。ジャズ・ファンクやフュージョンを得意とする。

★マリーナ・ショウ：42年生まれのジャズ、R&Bシンガー。ハーヴィー・メイソン（ds）とチャック・レイニー（b）のリズム隊がフィーチャーされる『フー・イズ・ジズ・ビッチ・エニウェイ』（75年）は94年にCD化され

イドに受け入れられた人ってこの時代はあんまりいない気がするんですよね。

柳樂　いないですね。ただ、別の文脈もあるってことで、僕、1曲持ってきたんですけど。**トム・ブラウン**の〈Funkin' For Jamaica (N.Y.)〉。81年の曲です。

長谷川　**スヌープ・ドッグ**の〈Who Am I (What's My Name)?〉の元ネタですね。

柳樂　あと**DA PUMP**〈We Can't Stop The Music〉のネタです。この曲、初期ヒップホップのディスコ・ラップ的な音にはわりと近いと思うんです。トム・ブラウンはジャマイカン・キャッツっていう、ニューヨークのジャマイカ地区のクルーのメンバーなんですけど、そこのボスが**ウェルドン・アーヴィン**っていうレア・グルーヴ・レジェンドなんです。

大和田　フリー・ソウルで話題になった人ですよね。

柳樂　そうです。フリー・ソウル的には**ドン・ブラックマン**が歌っている〈アイ・ラヴ・ユー〉が人気です。彼のもとから**マーカス・ミラー**や**オマー・ハキム**、**レニー・ホワイト**とかが出てます。その人たちが当時やろうとしてたことが、こういうディスコ・ラップとフュージョンの間みたいな音楽で。この時期にニューヨークのそういう場所には近いものがたぶんあって、アーヴィンの曲をア・トライブ・コールド・クエストがサンプリングしたり、モス・デフがずっとリスペク

るまで長らく幻の名盤と謳われていた。

★トム・ブラウン：54年生まれのトランペット奏者。ジャズの訓練を受けたものの、R&Bやポップスの領域で活動が目立つ。〈Funkin' for Jamaica (N.Y.)〉はR&Bチャートで1位を獲得。

★スヌープ・ドッグ：71年生まれのラッパー。ドクター・ドレーに見出された西海岸を代表するギャングスタ・ラッパー。18年に初のゴスペル・アルバムをリリース。

★DA PUMP：沖縄アクターズスクール出身者で結成された男性アイドルグループ。97年デビュー。「We Can't ～」は9枚目のシングルでISSA主演の映画『ドリームメーカー』の主題歌。

★ウェルドン・アーヴィン：43年生まれのキーボード奏者。フリー・ソウル・シリーズに

トしてるみたいな話っていうのは、すごくクリアに繋がる話というか。
長谷川 そうなんですか。この曲とアーヴィンが繋がっていたのは知りませんでした。でも全体的には80年代前半ってジャズとヒップホップは遠かったと思うんですよ。83年にはハービー・ハンコックがエレクトロを取り入れた〈Rock It〉をヒットさせますけど、あれってスクラッチが入っている以外は、それ以前からハンコックがやっていたファンクのアップデート版でしかない。なにより**ウィントン・マルサリス**が出てきちゃったし。僕がウィントンを説明していいのか疑問なんですけど（笑）、乱暴に言ってしまうとバップ以降のモダン・ジャズの美味しいとこ取りした音楽を、アコースティック編成でバカテクで演奏した。彼は81年にソロ・デビューしているんですけど、商業的に大成功して同じようなミュージシャンがどんどんデビューする状況が生まれました。日本では彼らを「新伝承派」と呼んで支持した『スイングジャーナル』誌と、懐古趣味だと批判する『ミュージック・マガジン』誌の間にビーフが起こったりしました。風当たりも強かったけど、でもこれ以降、彼がジャズの表の顔にはなったんですよね？
大和田 今やジャズ・アット・リンカーン・センターの音楽監督ですからね。
長谷川 国立芸術劇場のジャズ部門のドン。権力的なものだけ考えたらすごい地位

〈We Gettin' Down〉（75年）などが収録され再評価された。Qティップやモス・デフなど多くのヒップホップ・ミュージシャンにとってメンター的存在。
★ドン・ブラックマン：53年生まれのピアニスト兼シンガー。ジャズ・ファンク系の音楽を得意とし、アース・ウィンド&ファイアやロイ・エアーズとも共演した。
★マーカス・ミラー：59年生まれ。80年代のマイルス復活を支え、スラップ奏法を得意とするこの世代を代表するセッション・ベーシスト。デヴィッド・サンボーン『ストレート・トゥ・ザ・ハート』所収の〈ラン・フォー・カバー〉は世界中のベース・キッズがフレーズをコピーした。
★オマー・ハキム：64年生まれのドラマー。ジャズに限らずスタジオ・ミュージシャン

にいる。そこで自分のオーケストラも持っているんですよね？

大和田　『JTNC』で**中山康樹**さんがマルサリスがどうしてつまらないかって話をしてるけど（48ページ）、つまらないが故に、ある種の権威にはなってるんだよね。リンカーン・センターにジャズを聴きにいく人は一定数いるわけで、それはもしかするとお上りさん的な人たちなのかもしれないけど、そこで彼らが求めているのはウィントン・マルサリスなんですよ。

長谷川　歌舞伎座に行ったら團十郎が出てこなきゃ困る！　みたいなものか。いま團十郎不在だけど。

大和田　そうそう（笑）。これは侮れないと思いますよね。

柳樂　中山さんのページだけ、追悼文みたいな「ジャズが死んだって感じのデザインにしてくれ」って言われて、あそこだけデザインが違うんですよ（笑）。

長谷川　彼らの成功で、コンテンポラリーなポップ・ミュージックに歩み寄ろうとしていたジャズの動きにストップがかかった。そうこうしている間にヒップホップの方では、サンプリングによるトラック作りが主流になってくるわけですけど、でもそれを音楽として評価したのは米国のジャズ・ミュージシャンではなくて、むしろ英国のクラブＤＪたちだったという……。

としてデヴィッド・ボウイからマイルス・デイヴィスまで数多くのセッションに参加。スティング『ブリング・オン・ザ・ナイト』（86年）での演奏は有名。

★レニー・ホワイト：49年生まれのドラマー。ジャズ・フュージョンの創始者のひとりであり、チック・コリアのリターン・トゥ・フォーエヴァーのドラマーとして知られる。

★ウィントン・マルサリス：61年生まれのトランペット奏者。クラシック音楽の訓練を受けたもののジャズ・ミュージシャンとして活動。ジャズの前衛性を否定し、保守的な歴史観を頑なに守る姿勢には賛否両論がある。

★中山康樹：52年生まれの音楽評論家。『スイングジャーナル』編集長を経て評論家に。マイルスやビル・エヴァンスなどのジャズを専門とするが、

「ロンドンに近いのは渋谷なんですよ」

柳樂 『文化系』が出た時にジュンク堂でお二人のトークショーをやりましたよね？ その時に「英国が嫌いだ」っていう話をしてたのをよく覚えてて。
大和田 英国のメディアを経由したヒップホップ観が嫌いだっていう話ですよね。
長谷川 言いました、言いました。
柳樂 『JTNC』は完全に英国経由だと思うんですよ。
大和田 そうですよね。**原雅明**さんが「ジャズとヒップホップの融合っていうのは、基本的にアメリカにとっても輸入文化だった」っていう話を書いてて（18ページ）、なるほどそこは面白いなって思って。
柳樂 この本は、ニューヨークではなく、ロンドンと渋谷なんですよ、どちらかといえば。
長谷川 サンプリングしてトラックを作る方法がヒップホップで一般化した時に、英国のクラブDJたちはどの曲を使っているかすぐ見破ったんですね。ノーザン・ソウルの蓄積された知識がハンパないから（笑）。で、ヒップホップのネタ曲と、それによく似た感じの秘蔵曲を混ぜてクラブでプレイし始めた。それに

ビートルズやボブ・ディラン、ビーチ・ボーイズに関する著作もある。15年没。

★原雅明：音楽評論家。レーベル運営やイベント・プロデュースも手がける。著書に『ジャズ・シング　ジャズが追い求めたサウンドをめぐって』（2018、DU BOOKS）、『音楽から解き放たれるために』（2009、フィルムアート社）。

よってレア・グルーヴ・ブームっていうのがガツンと来て。87年には英国独自企画でJB関連のアーティストやロイ・エアーズの曲を収録した『Urban Classics』というコンピレーションがリリースされています。その中から**ジャクソン・シスターズ**の〈I Believe In Miracles〉を聴いてみましょうか。これは日本でもとても有名な曲ですけど、アメリカではまったく知られていなくて、もともとはレア・グルーヴ・ブーム下の英国のクラブ・ヒット曲なんですよね。最高72位ですけど87年にチャート・インまでしているという(笑)。

柳樂　90年代にクラブに行ってた僕の同世代で、この曲を知らない人はいないと思います。きっとサム・クックよりも聴かれてますよ(笑)。レア・グルーヴの象徴ですし、フリー・ソウルのテーマ・ソングのひとつでもありますよね。

大和田　僕もフリー・ソウル・コレクションの再発を買いました(笑)。

長谷川　こういう曲に加えて、英国のDJはもともとフォー・ビート・ジャズやジャズ・ファンク、ブラジル音楽とかをクラブでプレイしていたので、だんだんそういう音楽も混ぜてプレイし始める。これがいわゆるアシッド・ジャズの源流になるんですね。アシッド・ジャズ・レーベルからは**ブラン・ニュー・ヘヴィーズ**や**ジャミロクワイ**が、そこの設立者のひとりだったDJの**ジャイルズ・ピー**

★ジャクソン・シスターズ：もともとコンプトン出身でデトロイトを拠点として活動した姉妹グループ。〈I Believe in Miracles〉は89年にイギリスのヴォーカル・グループ、パサデナスがカバー。またパブリック・エネミーは〈Can't Do Nuttin' For Ya Man〉でこの曲をサンプリングした。

ターソンが始めたトーキング・ラウドっていうレーベルからはガリアーノや大和田さんの嫌いな（笑）**インコグニート**がデビューします。さっき柳樂さんがロンドン、渋谷って言いましたけど、まさに渋谷系のオリジンですね。

柳樂　インコグニートが**チコ・ハミルトン**のジャケットをパロディしていたり、ガリアーノが**ファラオ・サンダース**を引用したりしていて、その元ネタが日本でも人気になったり、そういう流れですね。英国ではその前にもハービー・ハンコックの曲名を拝借した**スタイル・カウンシル**〈Speak Like A Child〉があったりして。過去の音楽に関する知識の蓄積の上に成り立っている英国のスタイルに渋谷系は憧れていたんですよね。

長谷川　同じ頃、米国のヒップホップがジャズをネタにするようになっていきます。『アルティメット・ブレイクス・アンド・ビーツ』に収録されているようなファンクが掘り尽くされちゃったんで、同じミュージシャンが演奏しているジャズ・ファンクやフュージョンのアルバムを掘るのが流行ったんですね。その中からドナルド・バードの〈Think Twice〉という曲が浮上してきた。『JTNC』では**マイゼル兄弟**のスカイ・ハイ・プロダクションが評価されてるじゃないですか。でもあれって当時はジャズ・ファンからボロクソに貶されたものでしょ？　事実、演

★ブラン・ニュー・ヘヴィーズ：85年結成。イギリス発のアシッド・ジャズ、ジャズ・ファンクを代表するグループ。原曲のもつ詩情をバッサリ削ぎ落としたマリア・マルダー〈真夜中のオアシス〉のカバー（94年）などがヒット。

★ジャミロクワイ：92年結成。アシッド・ジャズ、ジャズ・ファンク・ムーヴメントで最も成功したグループ。変な帽子をかぶってくねくねした踊りを披露する一連のミュージック・ビデオも話題に。

★ジャイルズ・ピーターソン：64年フランス生まれのイギリス人DJ。アシッド・ジャズやトーキング・ラウドなどのレーベルを通して90年代のクラブ発の音楽シーンを牽引した

★インコグニート：イギリスのアシッド・ジャズ・バンド。81年にアルバムをリリースし

奏しているのも主役のドナルド・バード以外はハーヴィー・メイソンや**デヴィッド・T・ウォーカー**といったR&B系のセッションマンですからね。格好イイ曲ですけど（笑）。

柳樂　めちゃくちゃ売れたんですよね、でも。ただしドナルド・バードにかぎらず、**ロイ・エアーズ**とか、あと**ジョージ・デューク**とかもそうなんですけど、アメリカのジャズに限らず、ブラック・ミュージックのジャーナリズムみたいなものの評価っていうのは最近変わってきて、たとえばジョージ・デューク特集とか**ジョージ・ベンソン**特集とかを、そういうDJ向けの雑誌『ワックスポエティックス』でやったりしてる。そのサウンドが持ってた意味や、ヒップホップ以降に生まれた文脈みたいなものをようやくアメリカ人が理解し始めたんじゃないかなって思ってます。それがロンドンっぽいんですけど、たぶん。

長谷川　それまでアメリカではそういう音楽ってスムース・ジャズとしてしか聴かれてなかったんですよね、きっと（笑）。

柳樂　ビバップと、スムース・ジャズに分かれてるんだっていうのは、八田真行さんが確かそんなことを言ってて。

長谷川　ネットラジオをみると、スムース・ジャズ局の多いこととときたらっていう。

たが、90年代のトーキング・ラウド期に活動が活発化。スティーヴィー・ワンダー〈Don't You Worry About A Thing〉の無味乾燥なカバー（92年）がヒット。

★チコ・ハミルトン：25年生まれのジャズ・ドラマー。インコグニート『ポジティヴィティ』（93年）のジャケットは『チコ・ハミルトン・クインテット・フィーチャリング・バディ・コレット』（56年）のパクリ。

★ファラオ・サンダース：40年生まれのジャズ・サックス奏者。60年代半ばにジョン・コルトレーンのグループで活動したのちにリーダー・アルバムを多数発表。スピリチュアル・ジャズの巨匠。

★スタイル・カウンシル：元ザ・ジャムのポール・ウェラーがミック・タルボットらと83年に結成したイギリスのバ

柳樂　とりあえずエレクトリック以降のやつは全部スムース・ジャズに入ってる。グラスパーは自分ではアーバン系って呼んでいるんですよ。たぶんアメリカでも使われてる言葉だと思うんですけどね。

長谷川　アーバンは使われてますね。いわゆるR&B、ヒップホップ、一部のダンスホール・レゲエやレゲトンあたりを指す業界用語ですね。

話を〈Think Twice〉に戻すと、この曲をア・トライブ・コールド・クエスト〈〈Footprints〉〉や**メイン・ソース**〈〈Looking At The Front Door〉〉がサンプリングしたんですね。彼らが使ったことで〈Think Twice〉ってある種ロバート・グラスパー以降のジャズでは裏テーマ曲みたいな扱いになってますよね。色んな人にカバーされている印象があります。こうした流れを受けて、91年から『The Rebirth Of Cool』っていうタイトルのコンピレーション・シリーズが英国で出始めるんですよ。タイトルはマイルス・デイヴィスの『Birth Of Cool（クールの誕生）』へのオマージュなんだけど、内容的にはロンドンのアシッド・ジャズ系の曲とジャズ・ネタを使った米国産ヒップホップとがごっちゃになっているもので。ヒップホップで収録されているのは**ステッツァソニック**の〈Talking All That Jazz〉とか**フリースタイル・フェローシップ**の〈Innercity Boundries〉とか。『JTNC』にも

ンド。パンキッシュなスピリットとポップでソウルフルな楽曲は90年代以降も評価された。〈My Ever Changing Moods〉はある世代にとってアンセム。

★マイゼル兄弟：43年生まれのアルフォンソ（フォンス）と44年生まれのラリーの兄弟。スカイ・ハイ・プロダクション設立以前にフォンスはジャクソン5の一連のヒット曲を手掛けた「アイ・ウォントザ・コーポレーション」のひとりとして活動、ラリーは宇宙工学の学位を持ちNASAのアポロ計画に関わっていた。

★デヴィッド・T・ウォーカー：25年生まれのアメリカのセッション・ギタリスト。スティーヴィー・ワンダーやマーヴィン・ゲイなどモータウン関連作品でのプレイを始め、数々の名演がある。

★ロイ・エアーズ：40年生ま

書かれていますけど、こうした流れに逆にニューヨークのＤＪが影響されて、Giant Stepっていうヒップホップとジャズを混ぜてかけるイベントを始めた。それに**ギャングスター**のグールーが乗っかって93年に『ジャズマタズ』っていう、ジャズのミュージシャンと実際に共演するアルバムを出したんですね。その中からグールーの〈Loungin〉を聴いてみましょう。トランペットを吹いているのはドナルド・バードです。『ジャズマタズ』って、アメリカでは成功しなかったけどヨーロッパではけっこうヒットしていて。だからジャズとヒップホップっていう意味では、ロンドンのＤＪって重要な役割を果たしているんですよね。

大和田　うん、なんとなくそれはわかりますよね。

長谷川　英国人のセンスは日本人にも大いに共感できるものなので、こうしたシーンの発展を同時進行的に楽しんでいる雰囲気が当時はありましたね。『The Rebirth Of Cool』は、渋谷系の総本山だった渋谷ＨＭＶとかでもプッシュされていた記憶があります。

柳樂　『ジャズマタズ』のノリに近いのは英国のアシッド・ジャズだし、日本のU.F.O.ですよね。やっぱりロンドンに近いのはニューヨークじゃなくて渋谷なんですよ。

れのビブラフォン奏者。〈Everybody Loves The Sunshine〉（76年）などが90年代のアシッド・ジャズの文脈で再評価される。

★ジョージ・デューク：46年生まれのキーボード奏者。キャノンボール・アダレイとフランク・ザッパの両方のバンドで活動後、70、80年代にジャズ・フュージョンの領域でプレイ。硬質でファンキーなサウンドを得意とする。

★ジョージ・ベンソン：43年生まれのジャズ・フュージョン・ギタリスト。ちなみに日本のヒップホップ史上最大のヒット曲のひとつ、EAST END＊YURI〈DA・YO・NE〉(95)は彼の〈Turn Your Love Around〉をサンプリング。

★メイン・ソース：90年代前半に東海岸で活動したヒップホップ・グループ。ラッパー／プロデューサーのラージ・

ジャイルズ・ピーターソンのイコライザー

大和田　アメリカだとシーンがそれなりに離れているけど、イギリスだとなんとなく一緒に聴けるみたいのはたぶん歴史的にずっとあると思うんですよ。ジャンルを隔てる文化的背景みたいなものが、大西洋を渡るにつれてだんだん薄れてくるので、音楽だけで純粋に聴けちゃうみたいなところがある。だからその条件は東京も同じですよね。

長谷川　英国の方が、ジャズとヒップホップ両方を聴く人がいたんじゃないですかね。ラジオ局も「この曲はジャズだからうちでは流さない」みたいな意識は薄い。英国にJAZZ FMっていう90年に開局したラジオ局があるんですけど、JAZZっていいながら唐突にワールド・ミュージックや**レイ・チャールズ**をかけたりする、とても**ピーター・バラカン**的なラジオ局で。

大和田　全方位的にディスってる（笑）。

長谷川　ディスってないですよ（笑）。僕は「ポッパーズMTV世代」ですからね。超リスペクトですよ。

プロデューサーと二人のプロデューサー、Kカット、サースクラッチのIMC2DJという編成。

★ステッツァソニック：81年ブルックリンで結成されたヒップホップ・グループ。プリンス・ポールを中心にもっとも初期のバンド編成のグループであり、コンシャスな表現を用いた点でも先駆的な存在である。

★フリースタイル・フェローシップ：90年代初頭に西海岸のオルタナティヴ・シーンで活動したグループ。ジャズに影響をうけたコラージュ的なサウンドと即興的なリリックは、当時流行していたギャングスタラップとは対照的なスタイル。

★ギャングスター：ラッパーのグールーとDJプレミアの二人による90年代東海岸を代表するヒップホップ・デュオ。

柳樂　僕と大和田さんにはすごくでかいトゲが刺さった気がするんだけど（笑）。

長谷川『ブルース・ブラザーズ』で有名なコメディ俳優の**ダン・エイクロイド**に、ブルースばかり流す番組を持たしたりしてて、アメリカのラジオ局では考えられない。イギリスってそういう文化があるんですよね。

大和田　そうなんですよ。僕はイギリスにはあまり魅力を感じないけど、それはつまりイギリスのフィルターがかかってくるのって凄いかっこいいんだけど、あえて乱暴に言うとかっこいいだけなんですよ（笑）。アメリカでは別々のジャンルがロンドンだと一緒に聴けるというさっきの話ともつながるけど、僕がアシッド・ジャズをあまり好きではないのは、そうして「一緒に聴ける」ことを可能にするために、アメリカ的なダサさとかイナタさ――それを歴史とか文化とかいってもいいですけど――が殺菌されて、とてもキレイなサウンドになるからです。というか、とにかくブラン・ニュー・ヘヴィーズの〈真夜中のオアシス〉のカバーだけは許せません（笑）。

柳樂　イギリスのフィルターという意味で象徴的な今のジャズ・ミュージシャンは、**ホセ・ジェームズ**でしょうね。ホセ・ジェームズって、ちゃんとコンペティションとか勝ち抜けるぐらいの実力はあるんだけど、アメリカでうまくいかなく

DJプレミアはヒップホップ史上、もっとも評価が高いプロデューサーのひとり。
★レイ・チャールズ：30年生まれ、アメリカの歌手、ピアニスト。R&B、ゴスペル、ソウル・ミュージックのジャンルでもっとも偉大なミュージシャンのひとり。04年没。
★ピーター・バラカン：51年生まれ、ロンドン出身日本在住のブロードキャスター。ブルース、R&B、ソウル、ワールド・ミュージックなどを守備範囲とし、インターFM『BARAKAN BEAT』などのラジオ番組やテレビ番組を担当。著書に『魂のゆくえ』他。
★ダン・エイクロイド：52年生まれ、カナダ系アメリカ人のコメディアン、俳優。コメディ番組『サタデイ・ナイト・ライヴ』でジョン・ベルーシとともに演じたスキット、「ザ・ブルース・ブラザーズ」

て、失意のままロンドンに行って、ジャイルズ・ピーターソンに拾われたっていう。

大和田 そうなんですね。

柳樂 この〈Park Bench People〉はファースト・アルバムの曲なんですけど、ブランズウッドっていうジャイルズ・ピーターソンのレーベルから出てます。だから、ホセ・ジェームズってアメリカ人なんだけど、僕はロンドンのミュージシャンだと思ってるところがあって。アメリカに帰ってきて一緒にやったのも**フライング・ロータス**だったり**ムーディーマン**だったり、ロンドンで高く評価されているアメリカ人なんです。その辺もすごくわかりやすい。これも**フレディー・ハバード**の〈Red Clay〉っていうその筋のDJ的人気曲をサンプリングしているフリースタイル・フェローシップのカバーで、ロンドンと渋谷のDJが飛びつきそうな文脈が用意してある。

大和田 でもそういう意味ではロバート・グラスパーってやっぱりアメリカ人っていうイメージがあるな。あまりロンドン臭がしない。

柳樂 グラスパーはアメリカ人っぽいですよね。

大和田 なんだろう、そこの差は。僕そういう意味では、イギリス・センサーはわ

は80年に映画化された。

★ホセ・ジェームズ：78年生まれ、アメリカのジャズ・ヴォーカリスト。ジャズ、ソウル、ヒップホップ、スポークンワードなどジャンルのクロスオーバーを得意とする。大林武司、黒田卓也など日本人プレーヤーとの共演も多い。

★フライング・ロータス：83年ロサンゼルス生まれ、エクペリメンタル・ヒップホップ、エレクトロニック・ミュージックなどをプレイするDJ、プロデューサー。

★ムーディーマン：デトロイト出身のDJ、ミュージシャン。97年に『Silentintroduction』をリリース。ディープ・ハウス、デトロイト・テクノなどのジャンルを得意とする。

★フレディー・ハバード：38年生まれのジャズ・トランペット奏者。ハービー・ハンコ

りと強いはずなんですけど。

長谷川　イギリスっぽいものを拒否するセンサー（笑）。

柳樂　グラスパーはいまだにヒューストンの田舎者っぽい感じが残ってて、ファッションも田舎のアメリカ人風でダサいんですけど、ホセ・ジェームズはちょっと違うんですよ。彼はユナイテッド・アローズで買い物するためだけに来日しますから（笑）。

長谷川　日本好きなんですか？

柳樂　そう、おしゃれなんです。わりと小柄なので、日本人のサイズじゃないと合わないみたいで。

長谷川　じつはアメリカではアローズやBEAMSの選択眼の高さって、けっこう評価されているんですよ。

柳樂　すごいところに繋がったな（笑）。

長谷川　そういうブランドを集めてきて上手いこと並べて、たいしたもんだなみたいな評価があるんです。

柳樂　日本に来るとホセ・ジェームズは、インスタグラムとかで「いまユナイテッド・アローズにいるぜ」とかって上げてるんですよ（笑）。ホセ・ジェーム

ック『処女航海』（65年）などでプレイしたのちに、70年代後半にはトニー・ウィリアムズ、ロン・カーター、ウェイン・ショーターとともに、マイルス・デイヴィスのVSOPクインテットに参加。08年没。

ズは『JTNC』のなかでは一番象徴的な、そういう英国っぽいところがあって。ジャイルス・ピーターソンはあまり出てこないんですけど。でも基本的には『JTNC』の前半にはなにかしらジャイルスのイコライザーがかかってると思います。

90年代の足踏み

長谷川　アメリカでも、こうした音楽的洗練に反応したジャズ・ミュージシャンが、ようやくヒップホップにアプローチし始めます。でもさっき言った通り、どれもいまいちというか、うまくいきませんでした。

柳樂　そうなんですよね。

長谷川　ヒップホップ・ファンにもあまり聴かれなかっただろうし、ジャズ・ファンからも微妙な反応をされたんじゃないかな。この時代を象徴する人に**ブランフォード・マルサリス**がいます。彼はさっき話に出たウィントン・マルサリスの兄さんで、もともとは新伝承派のサックス奏者なんですけど、80年代半ばから弟のグループを抜けて外部と積極的に仕事をするようになって。当時はブランフォードが**スティング**のバックで演奏することを知ったウィントンが激怒して追い出したという噂もありました（笑）。

大和田　『ブルー・タートルの夢』とライヴ盤の『ブリング・オン・ザ・ナイト』ですよね。スティングのあのアルバムはオマー・ハキムがドラムだったり、フュージョン界隈ではかなり話題になりました。

長谷川　ブランフォードは89年に**スパイク・リー**監督の映画『ドゥ・ザ・ライト・シング』の音楽を手がけています。サントラのリード・トラックだったパブリック・エネミーの〈Fight The Power〉ではサックスも吹いています。この曲では演奏しているだけですけど、スパイク・リーが次に撮った『モ・ベター・ブルース』のテーマ曲、ギャングスターの〈Jazz Thing〉では音作りにもかかわっています。ブランフォード・マルサリスがネタを選んであげて、サンプリングのネタ提供の参謀をやってるんですよ。それをちょっと聴いてみますか。

大和田　バップからハード・バップくらいの曲のてんこ盛り状態という。

長谷川　主にロンドンで凄いウケたんですよね、この曲って。『The Rebirth Of Cool』にも入っています。

柳樂　アシッド・ジャズですよね、完全に。

★ブランフォード・マルサリス：60年生まれのジャズ・サックス奏者。スティング『ブルー・タートルの夢』（85年）にオマー・ハキム、ダリル・ジョーンズ、ケニー・カークランドとともに参加。

★スティング：51年生まれ、イギリスのシンガー。俳優としても活動する。77年に〈見つめていたい〉（83年）などのヒットで知られるポリス結成。85年からソロとして活動、〈Englishman in New York〉（87年）などをヒットさせた。

★スパイク・リー：57年生まれ、アメリカの映画監督。『ドゥ・ザ・ライト・シング』（89年）、『モー・ベター・ブルース』（90年）などで新世代のブラック・シネマの監督として注目される。ほかに『マルコムX』（92年）など。

長谷川　ただこういう方法論がアメリカで広まったかっていうと、限定的なものに終わってしまった。チャーリー・パーカー自体は格好良くても、サンプリングした曲が格好よくなるとは限らない。ギャングスターの〈Mass Appeal〉の方が、はるかにかっこいいし、ジャズに聴こえるっていう（笑）。

大和田　〈Mass Appeal〉のネタは**ヴィック・ジュリス**の〈Horizon Drive〉なんですよね、白人フュージョン・ギタリストの。ネタと言っても、使われているのはエレクトリック・ピアノのソロが始まる最初の数音だけなんですが。

長谷川　ラジオの交通情報のBGMみたいな曲なんですよね（笑）。でもそれがトンデモなくかっこいいという。その後もブランフォードはギャングスターのDJプレミアと組んで、バックショット・ルフォンクってユニットを作って頑張るんですけど、ジャズ・シーンを動かすような事態は起こせなかった。同じ頃、M-Base派の**グレッグ・オズビー**もトライブ・コールド・クエストのDJ、アリ・シャヒードとかと組んでヒップホップにチャレンジして、〈Flow To The Underculture feat. Bad Newz〉という曲を発表してます。これがコケたっていうのは、ジャズにとてつもない足踏みを与えたんじゃないかなって思うんですよね。だってブランフォードは所詮ウィントンの兄貴じゃないですか。でも新伝承派に対し

★ヴィック・ジュリス：53年生まれのジャズ・ギタリスト。パット・マルティーノに師事、80年代にはラリー・コリエルやゲイリー・ピーコックなどと共演した。

★グレッグ・オズビー：60年生まれ、ジャズ・サックス奏者。ハワード大学とバークリー音楽大学で学ぶ。スティーヴ・コールマンなどを中心に結びつく新世代の黒人ジャズミュージシャンのコレクティヴ、M-Base のメンバー。

て俺たちはストリート派なんだと言ってた人たちが、いざヒップホップやったらこの程度だったっていう。M-Baseの存在意義すら疑われたと思うんですよ。

柳樂　まあ、その手の失敗の代表的な例はマイルスの『ドゥー・バップ』ですよね。ジャズ・リスナー的にはビート抜きのマイルスのソロを聴いてるのが一番良いっていう（苦笑）。

長谷川　92年のアルバムですね。ただ『ドゥー・バップ』はダサいんですけど、他のミュージシャンが『ドゥー・バップ』を超えられたかっていうと五十歩百歩だったと思うんですよ。皆、DJが作ったバックトラックに合わせてモードっぽく吹いているわけですけど、当たり前だけどそれに対してバックトラックが呼応しないので、楽器の練習を聴かされている気分になってくるという。なによりジャズ・ミュージシャンの側にループの感覚が希薄なんですよね。

柳樂　まだヒップホップが強い時代ではなかったからなのか、ジャズとヒップホップの力関係もあるのかもしれませんね。ヒップホップの側がジャズ・ミュージシャンのわかってなさに対して違うなって思いながらも、ミュージシャンをコントロールできていなかった感じがありますね。明らかな弾きすぎですし。

長谷川　『ドゥー・バップ』のプロデューサーだった**イージー・モービー**はこの直

★イージー・モー・ビー：65年生まれ、ヒップホップ、R&Bのプロデューサー。ビッグ・ダディ・ケインやノトーリアスB−Gなどのアルバムを担当。

後にすごく良い仕事をしているんで、このアルバムのダサさは謎なんですけどね。**クレイグ・マック**の〈Flava In Ya Ear〉はモービーが94年に手がけた曲で、リミックス・バージョンでは同じトラックで**ノトーリアスＢＩＧ**、クレイグ・マック、**ランペイジ**、**ＬＬクールＪ**ってソロを回していくんですけど、最後に出てくるバスタ・ライムズのラップが凄いんですよ。ハードバッパーの中にいきなり後期コルトレーンが乱入してきた！　みたいな感じで。当時、この曲の方が『ドゥー・バップ』よりよっぽどジャズじゃん、って思った記憶があります。

ジャズに浸透するループ感覚

大和田　さっき町蔵さんが言われた「ループ」について少し考えてみたいんです。ブルースもジャズもヒップホップも非常にゲーム性の強い音楽形式であるという話はすでにしましたが、そのゲームが音楽シーン全体で盛り上がるにつれて、そのジャンル特有の性質がほかの音楽ジャンルにも徐々に浸透していくわけです。例えばブルースならブルーノートの感覚とか12小節フォーマットがロックやフォーク・ミュージックを通してどんどん広がった。

★クレイグ・マック：70年生まれのラッパー。〈Flava In Ya Ear〉（94年）のリミックスによってノトーリアスＢＩＧとバスタ・ライムズはその名が知られるようになった。18年没。

★ノトーリアスＢＩＧ：72年生まれ、東海岸を代表するラッパー。ビギーの愛称で親しまれ、90年代の東西抗争で射殺される。いまでもヒップホップ史上、最高のラッパーのひとりに数えられる。

★ランペイジ：74年生まれのラッパー。バスタ・ライムズが96年に結成したフリップモード・スクワッドのメンバー。バスタとは従兄弟同士。

★ＬＬクールＪ：68年生まれのラッパー。「レディーズ・ラヴ・クール・ジェームズ」の略称通り、女性ファンが多く、実力と人気を兼ね備えたラッパー。

ジャズの場合はそれが「即興」だったと思うんです。なぜ「即興」が黒人的な表現だと言われるようになったかというと、公民権運動なんですよ。公民権運動を背景に、白人の音楽文化を代表するクラシック音楽の譜面至上主義に対して、「即興性」という特質が黒人らしさと結びついていった。その結果、音楽だけでなく文学でも**ジャック・ケルアック**や**ウィリアム・バロウズ**のように即興的に書く連中が出てきたり、絵画でもその場の自発性を重視する抽象表現主義みたいなものが出てくる。

長谷川　アクション・ペインティングですね。

大和田　そうです。それでヒップホップも、いわゆるリジットなゲーム性はもしかすると崩壊しつつあるのかもしれないけど、他のジャンルにもっとも影響を及ぼしている特性は、おそらく「ループ感」だと思うんですよ。ヒップホップのループの感覚が――『JTNC』の原雅明さんの原稿がとても面白かったんですが――ジャズのリズムにどんどん入り込んでいる。あれはこれまでのジャズにはなかったリズムで、町蔵さんがこれまで言ってきたように、それはアメリカのポップスにもどんどん浸透している。

長谷川　そのループっぽい感覚がジャズ・サイドに波及するきっかけを作ったのが

★ジャック・ケルアック：22年生まれ、アメリカの小説家、詩人。アレン・ギンズバーグなどと共にビート・ジェネレーションを代表する作家のひとり。代表作に『路上』（57年）など。69年没。

★ウィリアム・バロウズ：14年生まれ、アメリカの小説家。異なる作品のページを並置する「カットアップ」など偶然性を取り入れた手法で知られる。代表作に『裸のランチ』（59年）など。97年没。

ザ・ルーツだと思うんです。彼らは生演奏でヒップホップを演奏するバンドでフィラデルフィア出身なんですけど、最初は本国では認められなくて英国でジャイルズ・ピーターソンに拾われたんですよね。ホセ・ジェームズの先輩格。その後、じわじわと本国でも人気を上げてきて他のラッパーやシンガーのバック・バンドやプロダクションを行うようになった。ひとつの絶頂期がゼロ年代初頭に作った**ディアンジェロ**、コモンと**エリカ・バドゥ**との一連のアルバム群です。あれがやっぱり今のジャズに凄い影響を及ぼしてますよね。特にグラスパー以降の歌ものの人についてですけど、ディアンジェロの影響力が凄いじゃないですか。

柳樂　それは本当に、こんなに強いのかっていうくらい強いですよね。今のジャズ・ミュージシャンはみんなディアンジェロと『Voodoo』でのJディラの話ばかりするんですすよ。『JTNC』のインディー・ロックの章でレディオヘッドのトリビュート盤『Exit Music: Songs With Radio Heads』を掲載しているんですが、00年にディアンジェロの『Voodoo』とレディオヘッド『キッドA』が出てて、その2枚の影響力が本当に強いんですよ。

大和田　でも『Voodoo』は衝撃的でしたよね。なんだこのタイム感はみたいな(笑)。当時、僕はまだバンドを続けていたんですが、このビートは何だ！　って

★ディアンジェロ：74年ヴァージニア州リッチモンド生まれ。『Voodoo』(00年)の音楽性が高く評価されるが、当時は本人の肉体美を惜しみなく披露した〈Untitled〉のビデオも話題になった。

★エリカ・バドゥ：71年テキサス州ダラス生まれ。90年代のネオ・ソウルを代表するシンガー。

本当に驚きました。

柳樂　やっぱりディアンジェロが復活したときにドラムがクリス・デイヴだったっていうのがすごくわかりやすくて。

大和田　ええ。でも2012年にヨーロッパ・ツアーをやりましたよね。その映像を見るかぎり、けっこう厳しくないですか？

柳樂　厳しいですね。

長谷川　もうね、ガンズ・アンド・ローゼズ状態。

大和田　やっぱりシーンから離れすぎちゃうと……

長谷川　**次に出るアルバム**は残念ながらガンズの『チャイニーズ・デモクラシー』みたいな感じになりますよ。なのに期待度がどんどん高まっちゃって、フランク・オーシャンの『チャンネル・オレンジ』級を出しても許してもらえるかわからないくらいになっちゃっている。

大和田　ツアーで披露した新曲もカッコいいんだけど、サウンド的にはひと昔前っぽいというか、むしろスライまで戻った感じもありますよね。

柳樂　当時、こうしたルーツの流れにすでにジャズ・ミュージシャンも加わっているんですよ。例えば、トランペッターの**ロイ・ハーグローヴ**。この人はディア

★次に出るアルバム：『Black Messiah』が2014年12月15日にリリースされた。3人の懸念を払拭する充実した内容だった。翌月テレビ番組に出演した彼は、「息ができない」と書かれたTシャツなどを着て、前年に頻発した白人警官による黒人への暴力を注意喚起した。

★ロイ・ハーグローヴ：69年生まれのジャズ・トランペット奏者。バークリー音楽院からニューヨークのニュースクールに編入。R&Bやアフロ・キューバンなどもこなす。

ンジェロ、コモン、エリカ・バドゥといったネオ・ソウルの名盤ほぼすべてに参加してて、自分のアルバム『RH Factor』にはそのネオ・ソウルの人脈が全員入ってるっていう。たしか、『Voodoo』と同じスタジオで作ってるんでしたっけ。

大和田　ニューヨークのエレクトリック・レディ・スタジオ。

柳樂　一連のアルバムの音作りって、ザ・ルーツのドラマーのクエストラヴとキーボーディストの**ジェームズ・ポイザー**、そしてトライブとやっていたプロデューサーのJディラ——当時はまだジェイ・ディーって名乗っていましたけど、その3人でだいたい作ってるじゃないですか。たぶんディラが曲の骨格となるループを組んだんだと思うんですけど、クエストラヴがそのループ感を保ちつつ生でドラムを叩き直しているんですよ。ハーグローヴがそういう現場に居合わせたこともジャズ側のループ感理解に影響を与えたところがあるんじゃないかな。

長谷川　同じ頃、モス・デフやトライブを解散してソロになったQティップも同じことをやりだして。モス・デフのアルバムでは、さっき名前が出てきたウェルドン・アーヴィンがピアノを弾いているんですよね。Qティップの方はいったんお蔵入りになっちゃったんだけど、ようやく08年になって生演奏を取り入れたセカンド・アルバム『The Renaissance』が出た。ここにキーボードで参加していたの

★ジェームズ・ポイザー：67年にイギリスでジャマイカ人の両親のもとで生まれ、フィラデルフィアで育つ。フィリー・ソウルのレジェンド、ギャンブル&ハフに師事。

がロバート・グラスパー。ようやく主役が現れた（笑）。

Jディラは本当に神なのか？

大和田 リズムの話を続けると、『JTNC』ではロバート・グラスパー周りの人たちがもっともリスペクトする対象としてそのJディラが特権的に扱われています。素朴な疑問ですが、なぜディラだけなんですか？

柳樂 それは絶対訊かれると思いました（笑）。だって『文化系』にはまったく出てこないんだもん（笑）。

長谷川 僕もディラの仕事は一貫して好きですけど、「ディラ＝神」っていう言説があまりにも多いじゃないですか。ディラを褒める人ってやたらディラを持ち上げといて、返す刀で「それに引き換え最近の西海岸やサウスは商業主義的だ」と批判する（笑）。そういう態度がイヤだったんです。僕はギャングスタ・ラップやダーティ・サウスを擁護したかったんですよ。

柳樂 控えたんですね（笑）。

大和田 長谷川町蔵がディラ好きっていうのは僕も今初めて聞きました（笑）。

長谷川　じつは『文化系』のディスク・ガイド１００枚には**ファーサイド**のセカンド、トライブのベスト、バスタ・ライムズと、ディラが参加したアルバムが３枚入っているんですよ。これだけ入ってるプロデューサーってそんなにいない。そういう意味ではディラの扱いは意外と大きいんですよ（笑）。

大和田　日本のヒップホップ・ファンも昔からＪディラを神格化してましたよね。

長谷川　ひとりの神をつくると、論旨がロック的な評論に流れちゃうので、『文化系』では神をなくしたかったっていうのもあるんですよね。ただ、ディラがグラスパーとかに影響を与えるようになるプロダクションをトライブで始めた時って賛否両論でしたよね。むしろ彼が参加する前の方が、ジャズっぽいって言われてたんですよ。聞き比べてみます？　まずディラ参加前のセカンド（『The Low End Theory』）収録曲〈Verses From The Abstract〉。ベースは**ロン・カーター**が弾いてるんですよ。で、こちらはディラが参加して以降のトライブのシングル〈1nce Again〉です。サウンドの違いを簡単に言うと、ドラムなんですけど、〈1nce Again〉は既存の音源をそのままループさせずに、バスドラやスネア、ハイハットを打ち込み直してますよね？　音源そのものはアナログ・レコードかもしれないけども、それによってすごく人工的な空間を作っている。ウワモノも明確なフ

★ファーサイド：89年ロサンゼルス、サウスセントラル地区で結成されたオルタナティヴ・ヒップホップ・グループ。スパイク・ジョーンズが監督、映像を逆再生した〈ドロップ〉のビデオも話題に。

★ロン・カーター：37年生まれのジャズ・ベーシスト。ハービー・ハンコック、ウェイン・ショーターなどとともにＶＳＯＰクインテットの一員。

レーズとかなくて抽象的な感じで。こういう音にいきなりなっちゃった。

柳樂　いわゆるレア・グルーヴ的な生演奏からとったファットな音ではないですよね。打ち込みそのままの、R＆Bの音っていうか、ヒップホップの音になっちゃってる。

長谷川　ディラはデトロイト出身なんですけど、彼のせいでテクノっぽくなって、温もりがなくなったって批判されたんですよ。

柳樂　そう、だからどちらかといえば『STUDIO VOICE』誌の周辺とかロック的な場所で評価されたイメージがあります。

大和田　グラスパーまわりの人たちのあいだではプレミアやピート・ロックの名前は出てこないんですか？

柳樂　**DJプレミア**や**ピート・ロック**は好きなんですけど、インタビューでも名前は出るんですね、グラスパーはピート・ロック大好きですし。でも、新しい音楽としてのヒップホップにおける革新って意味での原体験はやっぱりディラなんですよ。ちなみに今でこそ名盤ですが、当時は賛否両論だったという事実も含めて、Jディラについてちゃんと書いてある評論って日本語ではほとんどないんですよ。というのもあって、『JTNC』では最初からでかいスペースを割いてちゃ

★DJプレミア：66年生まれ、ヒップホップ史上もっとも評価の高いプロデューサーのひとり。80年代後半にブルックリンを拠点にラッパーのグールーとギャングスターを結成。

★ピート・ロック：70年生まれのヒップホップ・プロデューサー。ラッパーとのデュオ、ピート・ロック＆CLスムースで91年にデビュー。親友の死を謳った〈They Reminisce Over You (T.R.O.Y)〉はヒップホップ史上屈指の名曲として知られる。

ん と位置づけようということにしたんです。

大和田　なるほど。

柳樂　すごく祭り上げられてるんだけど、評論自体はないっていう。浮いた存在なんですよね。そういう意味では、ディラについて改めて考えてみるきっかけは作れたのかなと思っています。

つんのめるグルーヴ

長谷川　そんな彼にジャズ・ミュージシャンが惹かれたっていうのが面白くて。ディラのプロダクションってスネアのタイミングを手押しで入力したまま敢《あ》えて**クオンタイズ**しなかったりするので、つんのめった感じが残っているんですけれども、スムーズなグルーヴではなくてそっちの方に惹かれたか！　っていう意外性はありましたね。

大和田　原雅明さんは本の中で「よれてはねる」っていう言い方をしてましたよね。

柳樂　ディラは2001年頃から名前を「ジェイ・ディー」から「Jディラ」に変えたんですけど、Jディラになってからは実はクラブではあまり受けなくなっ

★クオンタイズ：手動で打ち込んだデータ（リアルタイム入力）のリズムのズレを補正してジャストなタイミングに合わせる機能。

たっていう話もあって。

大和田　それは面白いですね。

柳樂　とくによれたのが目立つようなトラックに関しては、いわゆるアングラ・ヒップホップ的な層には受け入れられてましたが、クラブではぜんぜんプレイはされていないっていうのが実はあったりして。

長谷川　それに若いジャズ・ミュージシャンが影響されてるっていうのが、面白い。この〈Think Twice〉はディラって名前を最初に使ったソロ・アルバム（Jay Dee aka Jay Dilla『Welcome 2 Detroit』）から、さっき流したドナルド・バードの曲のカバーです。たしかにつんのめってますね。補足すると、ディラに改名した当時ってサウスのヒップホップが全盛期だったから、彼は商業的にも厳しくなっちゃったんですよ。晩年にＬＡに移ったのはアンダーグラウンド・シーンに彼の同志がいたからなんですよね。そういう意味では、ディラになってからの彼は、いわゆるヒップホップのゲームからは半分降りちゃっている。だからクラブでかからなかったのは仕方ないのかな。それ以上に音楽としてのヒップホップを作りたかったということなんでしょうし。

柳樂　その頃、アンダーグラウンド・ヒップホップの人たちは「引用しない」と言われていたマックス・ローチ的なものを褒め始めているんですよ。それこそマッドリブとか、ああいう人たちが。

長谷川　マッドリブはその伝統に自覚的ですよね、ものすごく。イエスタデイズ・ニュー・クインテット名義の曲なんて特に。で、この流れがフライング・ロータスと繋がってくる。フライング・ロータスはジョン・コルトレーンの奥さんだったアリス・コルトレーンの甥なんですよね。だから従兄弟の**ラヴィ・コルトレーン**がサックスを吹いているという。

大和田　僕が最初にリズムが面白いと思ったのは、ロバート・グラスパーの『イン・マイ・エレメント』なんです。その「つんのめる」感覚が一番わかりやすかった。

長谷川　4小節目のお尻が切れてる感じですね。〈G&B〉を聴いてみますか。

大和田　ドラムは**ダミオン・リード**ですけど、これはディラなんですかっていう(笑)。

長谷川　ディラがサンプラーのパッドに手打ちしてやったことを、スティックでやってるって感じですね。

大和田　凄くかっこいい。かっこいいというか、前の世代のジャズ・ミュージシャ

★ラヴィ・コルトレーン：65年生まれのジャズ・サックス奏者。ジョン・コルトレーンとアリス・コルトレーンの息子だが、ジョンはラヴィが2歳になる前に逝去。

★ダミオン・リード：79年生まれのジャズ・ドラマー。ビリー・ヒギンズに師事。ニューイングランド音楽院で学ぶ。

ンにはないリズムだと思います。しかもサンプラーではなく実際にこの感覚を演奏で出している。この曲と、あとYouTubeにクリス・デイヴがひとりで叩いてる映像（「CHRIS 'DADDY' DAVE」）があって、それを観てると「ツッツ・ツッツ・ツク」みたいな、最後に変なハットを入れるんですよ。昔、この映像を見ながらジャズ研のゼミ生に訊いたことがあるんです。「あの最後に〝ツツッ〟みたいに左手でハットが入るのなんなの？」って。

柳樂　いわゆるヒップホップ的なビートを叩くドラマーみたいな人が、最後のところで変にハットを入れるっていうのは他にもいますね。**カリーム・リギンス**とかもそうだと思います。

長谷川　ぶつ切り感を出したいんじゃないですかね。ここでいったんビートが切れますよっていう。

大和田　理論的にはもちろんポリリズムなんでしょうが、その「ぶつ切り感」ですよね。昔、ある原稿でヒップホップの「ループ感」を「レコードの針飛び」と表現したことがあるんですが、グラスパーに代表されるジャズ・ミュージシャンはその感覚を人力で出している。だから重要なのは「ループ」構造そのものではなくて、あくまでも「ぶつ切り感」や「針飛び感」などのループ「感」の方なんで

★カリーム・リギンズ：75年生まれのジャズ・ドラマー、ヒップホップ・プロデューサー。コモンを通してJディラとの交流も深い。18年にコモン、グラスパーとグループ「オーガスト・グリーン」を結成した

すよ。それは単に形式的にループさせればいいという話ではないので、すごく工夫しているはずです。

ヨーロッパのディラ・フォロワー

大和田　『文化系』を出したときに、ライムスターの宇多丸さんがラジオで取り上げてくれて、そのときの宇多丸さんの言葉を間接的にきいたんですけど、「ヒップホップの教養がないドラマーが、なんとなくヒップホップっぽく叩いてもそうならない」と。むしろ、フィルをほとんど入れない方がヒップホップっぽくなるんだと。そのときに僕もその違いについて考えたんですが、なにか根本的にヒップホップ的なものと、そうじゃないリズムがあるような気がしたんですよね。

長谷川　日本人がやると、ほっとくと**タワー・オブ・パワー**になっちゃうんですよね。

大和田　でも、日本に限らず向こうのドラマーでもデイヴ・ウェックルとか、やっぱりならないんですよ。何をやってもフュージョンっぽくなっちゃうというか。クリス・デイヴも恐ろしいほどのテクニシャンですが、デイヴ・ウェックル的な

★タワー・オブ・パワー：60年代後半から活動するベイエリア出身のファンク・バンド。デヴィッド・ガリバルディとロッコ・プレスティアのタイトなリズム隊で知られる。

リズムともっとも断絶を感じます。デイヴ・ウェックル、ちょっと聴いてみます？これはイケベ楽器で行われたドラム・セミナーの映像のようですけど。
〈Seminar Opening Demonstration〉。
長谷川　たしかにないですね。あと往年のブレイクビーツを生んだスティーヴ・ガッドやハーヴィー・メイソンみたいなドラマーが、生で聴くとそれほどブレイクビーツっぽくないっていう。普通に上手いんですけどね、もちろん（笑）。
柳樂　やっぱりテクニック的にはオマー・ハキムの系譜にいるわけですよ、クリス・デイヴって。それは間違いないんです。ただ決定的に違うのが、たぶんその辺の、さっき大和田さんが言ってたところで。だからデイヴ・ウェックルじゃないんですよね。
　ちなみにディラをトレースしようとした人はヨーロッパにもいます。**エリック・レニーニ**っていうピアニストなんですけど。07年の『Big Boogaloo』っていうアルバムの1曲目が〈Funky Dilla〉っていうんです。もとはヨーロッパによくいるタイプのいわゆる**キース・ジャレット**・フォロワーみたいな人で、人力ディラの一番最初の試みですね。まあでもここではまだヒップホップを叩くって感じじゃなくて、普通のファンクになってる。

★エリック・レニーニ：70年生まれ、ベルギー出身のジャズ・ピアニスト。
★キース・ジャレット：45年生まれのジャズ・ピアニスト。クラシック音楽も演奏する。『ケルン・コンサート』（75年）に代表されるソロの即興演奏が有名。

長谷川　まだ、でもJay Deeって感じですよね。ディラっていうより。

柳樂　で、これが次の曲になると、かなり……

長谷川　ディラ度が高くなってる。

柳樂　そう、ディラ度が（笑）。ディラ度っていうか、グラスパー度？

長谷川　ヒップホップ的なものを試みるジャズ・ミュージシャンってピアノ・トリオが多いんですよね。昔はマイルスにしてもブランフォードにしても主にリード楽器奏者が挑戦していたじゃないですか？　比べると今はリズム隊の時代みたいな気がする。

大和田　ああ、たしかに。

柳樂　12年の〈Sing Twice!〉も聴いてみましょうか？　これはアルバムのタイトル曲なんですけど、さっきの〈Funky Dilla〉から5年経ってます。

長谷川　この残響の少ないスネアの音ってどうやって叩けばいいんですかね（笑）。さっきと出音がぜんぜん違いますね。

柳樂　この間の飛躍が（笑）。

長谷川　リム・ショットもいい感じだし。

柳樂　でも、Jディラをやってるというか、当人はヒップホップをやってるつもりでやってないというか。一応名義はアフロ・ビートとか言ってるし。自然にグラスパー以降のビートの感覚が入っているんですね。ドラマーは2曲とも同じなんですけどね。

長谷川　進化してる。

大和田　練習したんだ。

長谷川　人間やれば何でもできるっていうことですよ、本当に。

柳樂　そうそう。

大和田　あと、レコーディング・エンジニアが進化してる気もしますね。

柳樂　それは凄くあるんですよ。最近のジャズ・ミュージシャンに話をきくと、ホセ・ジェームズとか、あと最近新譜を出した**クリス・バワーズ**、**黒田卓也**さんあたりはみんなブライアン・ベンダーっていう、ジャズでは使わなかったタイプのエンジニアに頼んでるんですよ。

長谷川　ジャズ・ミュージシャンにもマスタリングは**トム・コイン**に頼む人が多いんですよね。

大和田　へえ。

長谷川　アーバン系を得意とするマスタリング・エンジニアで、トライブやディア

★クリス・バワーズ：89年生まれのジャズ・ピアニスト、作曲家。劇伴も手がけ、アイヴィーリーグの黒人大学生を描いたネットフリックスのドラマ『Dear White People』の音楽などを担当。

★黒田卓也：80年生まれのジャズ・トランペット奏者。14年、日本人として初めてブルーノート・レコードと契約。最新作は『Zigzagger』（16年）。

★トム・コイン：54年生まれ、アメリカのマスタリング・エンジニア。アデル『21』、テイラー・スウィフト『1989』などグラミー賞を8度受賞。17年没。

ンジェロも彼がやっているんですよ。

柳樂　ディアンジェロが『Voodoo』を録ったスタジオで録ってたり。「俺は**アーケード・ファイア**をやってるエンジニアを使ってるんだぜ」とか、最近そういうのがすごく増えていて。だから今までみたいに、ルディ・ヴァン・ゲルダー方式じゃないんですよ。

長谷川　後加工まで含めて、作品作りだという。

柳樂　ですね。例えば、いまかけたエリック・レニーニも元はヨーロッパにいた白人なので、本人が言うには、「若いころは白人でジャズってことで、何も考えずにキース・ジャレットみたいなスタイルをやってた」って自分でも言ってたくらいオーセンティックなスタイルだったんですけど、アメリカに留学したら現地にヒップホップがあって、それに衝撃を受けてしまったみたいな話をしてましたよ。それである時期にJディラを聴いて、それには凄い感銘を受けたって。そういう人なので彼も自然に音色にこだわりを持ってますね。

★アーケイド・ファイア：01年にカナダで結成されたインディー・ロック・バンド。11年にグラミー賞最優秀アルバム賞を『The Suburbs』が受賞し、メジャーとインディーの境が以前よりなくなったことを象徴する出来事となった。

ドラムの音色のサンプラー化

長谷川　『JTNC』で知ったCDを何枚か聴いたんですけど、ドラマーがブレイクビーツ的な演奏をしてるのはもちろん、サンプラーで取り込んだ音質で叩いてる、あれがスゴいと思った。去年のザ・ルーツのライヴでも、ドラマーのクエストラヴが90年代の東海岸ヒップホップで使われていたSP1200っていうサンプラーで取り込んだような音で叩いていたのを、曲の途中から今の音に変えるっていうのを人力でやっていたんですよ。でも今の若いジャズ・ドラマーはみんなそういうことをできるんだなっていうのが、改めてわかりましたね。

大和田　**村井康司**さんが言ってましたね、誰かができるようになるとみんなできるようになるって（笑）。スポーツと同じですね。

柳樂　そうそう（笑）。ドラムの音色ですけど、あれは本当にすごくて、今は既製品でもスネアの種類がものすごくたくさん用意されてて、細か〜くサイズとか作りが違うんですよ。それをさらに改造もしてるんです。ドラムパッドも必ず付けてて、サンプリングした音もちゃんと用意してある。そこにコンシャスなところは明らかに今までなかったものですね。

★村井康司：58年北海道生まれのジャズ評論家、編集者、俳人。著書に『現代ジャズのレッスン』（アルテスパブリッシング刊）他。編集者として菊地成孔、穂村弘、南博などの著作を手がける。

長谷川　いわゆるソロとかインプロじゃなくて、いかにループっぽく叩くかに熱意が向いている。もちろんヒップホップを聴いて育ってるから、自分もやりたいと思うんでしょうけど。いまヒップホップってライヴ・バンドを従えてライヴをするラッパーが増えてるんですけど、そういう演奏ができるミュージシャンが増えてることも、理由としてあるのかなっていう気はしましたね。

大和田　フェスでふつうにバンド編成になったのって、わりと最近ですよね。たぶんロック・バンドと共演する機会が増えたんですよね。そのときに、ＤＪのセットだと弱い。

長谷川　ライヴＰＡからＣＤの音を出すと細かいニュアンスみたいなものが消えちゃうんですよね。そうすると**コールドプレイ**みたいな奴らの明快な音には勝てないんですよ、どうしても（笑）。それでみんな試行錯誤していたんですけど、今はスター級はみんなバンドをバックにやってますね。

柳樂　そういえば、ザ・ルーツの来日公演を観て、クエストラヴは頑張ってるなと思いました。一番面白かったのがリズムで、クエストラヴの他にパーカッショニストがいるんですけど、ほとんどドラムとユニゾンなんですよ。それで、たまに微妙に違うものを叩いてポリリズムっぽくなるんです。あれは二人でクリス・

★コールドプレイ：２０００年代を代表するイギリスのロック・バンド。

デイヴ的なものをやろうとしているのかなとか、音圧が欲しいのかなとか、見ながらずっと考えてたんですけど（笑）。

ループしないベース

長谷川　ザ・ルーツのメンバーにスーザフォン奏者がいる意味がようやくわかりましたね。スタジオではヒップホップ的なブーミーな低音って出せても、生演奏でやるとそういうふうに聴こえないんですよ。でもザ・ルーツはヒップホップ的に聴かせたいので、バスドラの低音部をスーザフォンで補強してる。それを狙ってスーザフォンを入れてるんだなって。

柳樂　何かの音に、別の楽器で同じ音を当てて補強するっていうのをひたすらやってましたよね。

長谷川　ヒップホップを聴いていつも思うのは、いわゆるエレキベース的な音やフレーズが求められていないってことなんですよね。求められているのはブーンっていう低音なんですよ。だからみんなバスドラの波形を伸ばしたり、シンセを使ったり、ウッドベースをサンプリングしてベースのパートを作っている。それにR&Bやポップも影響を受けちゃっているので、今のアメリカの商業音楽ではバスドラとエレキベースのコンビネーションでノリを作るっていう手法が、主流から外れかけている。むしろジャズのベースの方が主流に近づいている。

大和田 それこそプレモダンのジャズですよね。

長谷川 そうそう。それこそスーザフォンがいる時代。トライブのアルバムにマーカス・ミラーじゃなくて、ロン・カーターが呼ばれたっていうのはある種象徴的なんですよね。

大和田 JBのファンクの成立に、エレクトリック・ベースって物凄く大事だったわけじゃないですか。要するにサステインが長いので、16ビートで細かく刻むフレーズができたっていう。おそらくヒップホップの最初は、JBのリズムを組み立て直してたはずなんだけれども、ここにきてむしろ時代的にはもう少し前のサウンドを参照し始めたという。

長谷川 ただ、かなり前からそうで、JBをあれだけサンプリングしてるのに**ブーツィー・コリンズ**とかが弾いている「ドゥッ・ドゥッ・ドゥー・ドゥドゥドゥドゥドゥドゥドゥッ」っていう例のベース・パターンって基本的に使われていないんですよね。ドラムはJBでもベースはどこか別のアルバムからウッドベース

★ブーツィー・コリンズ：51年生まれのベーシスト。ジェームズ・ブラウンのバンドでキャリアを始め、パーラメントやファンカデリックなどジョージ・クリントン率いるPファンクの低音担当。星型サングラスと星型ベースがトレードマーク。

の持続音だけもってくるっていうパターンが定着している。それはなんなんでしょうね、っていう。

大和田　いまなんとなく思い浮かべたんですけど……

長谷川　その疑問をベーシストだった大和田さんに訊きたい（笑）。

大和田　ベースをループさせちゃうと、本当にタワー・オブ・パワーになっちゃうんですよ。ベースはだからあまり流れてない方が良いかもしれません。

長谷川　今のジャズの人も、いわゆるファンキーなベーシストっていないですよね。編成的にはむしろオーソドックスなピアノ・トリオで、アップライト・ベースを弾いているみたいな。

柳樂　そう、だから、グラスパー・バンドのベースには**デリック・ホッジ**が必要なんですよ。

大和田　あーなるほどね。空間がある感じだよね。

柳樂　デリック・ホッジって、ドラムはあれだけ叩いているのに、ぜんぜん弾かないですからね。でも、あのくらい抑えないとバランスが本当にとれないんですよね。

大和田　むしろエレクトリック・ベースだったら**ゴードン・エドワーズ**みたいに、

★デリック・ホッジ：79年生まれ、ジャズ・ベーシスト。ロバート・グラスパーやコモンとの共演で知られる。

★ゴードン・エドワーズ：46年生まれ、ニューヨークを拠点とするセッション・ベーシスト。70年代半ばにスティーヴ・ガッド（ドラム）、リチャード・ティー（ピアノ）などとジャズ・ファンク・バンド、スタッフを結成。

1小節に2つか3つしか音を弾かない奏法が合ってるのかも。

長谷川　どちらかっていうとゴスペル・バンドにいそうなエレキ・ベースですよね。

大和田　たしかに。

柳樂　いわゆるクラブ向けのバンドって、だからあえてウッドベースっていうパターンはすごく多いですよね。ウッドベースにエフェクトかけて入れるっていう。

大和田　でもドラムは別に4ビートじゃなくてむしろグルーヴさせて、ベースはむしろ空間を作ってる感じですよね。

柳樂　ドラムひとりだけであれだけ叩かれちゃって、あれだけ空間埋められちゃってるから、その分、ピアノも弾かないですもんね。

長谷川　グラスパーってリフしか弾いてなかったりしますもんね。

［2014年4月、下北沢・アルテスパブリッシングにて。※167ページからの後編に続く］

第4部
2013年のヒップホップ

Hip-Hop in 2013

2013年は4つ打ちの年

大和田　今日は2013年を振り返るということで、町蔵さんに色々お伺いしながら漫談調でやりたいと思います。

長谷川　まず、2012年までどういうものが流行っていたのかということで、ニッキー・ミナージュの〈Starships〉をちょっとだけ聴きましょう。リリースは12年の春。この年に流行ったプロダクションを象徴するような曲ですね。

大和田　サウンドの特徴を言うと、バスドラムが1小節に4つ「ドンドンドンドン」って入る、いわゆる4つ打ち。

長谷川　これだとリズム音痴でも踊りやすいし、ノリやすい。

大和田　ヨーロッパとかで流行ってるダンス・ミュージックですね。

長谷川　去年（12年）の夏にトルコを旅行したんですけど、現地のMTVではこの曲やピットブル、フロー・ライダーの4つ打ちヒップホップばかり流れていましたね。ヒップホップがメジャーになってくるに従って、世界中のリスナーを引きつけなきゃいけないっていう考えが出てきた。その結果、4つ打ちの上にトランステクノみたいなシンセが入ってるプロダクションが凄い流行ったのが12年でした。

大和田　ＥＤＭと呼ばれるジャンルです。昨年も言ったんですが、これが出たときにアメリカの黒人コミュニティの中から「あんな単純なリズムは嫌だ」という声がちらほら挙がりました。

白人アーティストが変えたトレンド

長谷川　それに応えて２０１３年の１月ですかね、ゲームチェンジを仕掛ける曲が現れて。それは歌モノなんですけども、この曲を流してみますか。

大和田　この曲は本当にヒットしましたね。

長谷川　ジャスティン・ティンバーレイクの〈Suit & Tie〉。ジャスティン・ティンバーレイクはみなさん『TIME／タイム』とかに出演している俳優として知ってると思うんですけども、元はアイドル・グループの**イン・シンク**のメンバーでシンガーだったんですよ。これは7年ぶりに出した新曲です。

大和田　この人は黒人コミュニティでものすごく愛されている人ですよね。

長谷川　彼は今年、ＢＥＴアワードっていう黒人音楽大賞みたいな番組で、**チャーリー・ウィルソン**っていう大御所を讃えるコーナーの司会を任されたんですけど、

★イン・シンク：かつてバックストリート・ボーイズと人気を二分していた5人組男性アイドル・グループ。最年少メンバーのジャスティン・ティンバーレイクはメンフィス出身で、幼少期からアル・グリーンに傾倒。そのためグループ在籍当時から黒人からも歌唱力を高く評価されていた。

★チャーリー・ウィルソン：53年オクラホマ生まれのR&Bシンガー。〈アップタウン・ファンク〉の元ネタ〈I Don't Believe You Want to Get Up and Dance (Oops!)〉などで知られるGAP BANDを経てソロに転向。勝手にアンクル呼ばわりするスヌープをはじめ、ラッパーたちからやたらと慕われているのが特徴で、そのため若いファンを獲得し続け、現在も第一線で活躍中。

黒人ばかりの観衆から声援を送られてましたからね。これまでも**ラスカルズ**とか**ホール&オーツ**とかR&Bチャートでもヒットを飛ばしていた白人アーティストっていたわけですけど、そういうブルーアイド・ソウルの人たちとは愛されているレベルがぜんぜん違うんですよ。完全に仲間扱いで。

大和田　いってみれば名誉黒人のような扱いを受けている。

長谷川　聴いていただくとわかる通り、この曲は4つ打ちじゃないんですよね。もっと昔のソウルっぽい。マーヴィン・ゲイとかスウィート・ソウルっぽい軽やかな感じで。

大和田　グルーヴ感がありますよね。この曲はティンバランドがプロデュースしてるんですが、サウンド・プロダクションが本当に多彩というか、この人は一般的なポップスでは聴いたことがないような音を楽曲にどんどん取り入れる。この曲も「スコーン、スコーン」っていう鹿《しし》おどし（笑）みたいな音が凄く効いています。

長谷川　〈ホワッツ・ゴーイン・オン〉のコンガが元ネタだと思うんですけど。すいません、何言ってるかわからないと思うんですけど（笑）。で、この〈Suit & Tie〉が物凄くヒットしてポップ・チャートで1位をとって、R&Bチャートでもずっと1位だったんですよね。で、トレンドを変えた。そしてこうした流れを

★ラスカルズ：64年にニューヨークで結成された、主にイタリア系アメリカ人からなるブルー・アイド・ソウル・バンド。67年発表の「Groovin'」は、ブラック・チャートで最高3位まで上昇し、アレサ・フランクリンやマーヴィン・ゲイにカバーされている。

★ホール&オーツ：白人ポップ・デュオだが、出身地フィラデルフィアの風土を反映した音楽性はソウル度が濃厚。リズムボックスが効いた81年発表のメロウ・チューン〈I Can't Go for That (No Can Do)〉は、ブラック・チャートで首位を獲得し、デ・ラ・ソウルやヘヴィ・Dらにサンプリングされている。

ロビン・シックの〈Blurred Lines ft. T.I., Pharrell（ブラード・ラインズ〜今夜はヘイ・ヘイ・ヘイ）〉が決定的にしたんですね。

大和田　黒人コミュニティでも大ヒットした白人アーティストの曲、という点で〈Suit & Tie〉とこの曲は象徴的です。実は２０１１年のR&B / Hip Hop Songsチャートで白人アーティストが52週中44週で1位を獲得しているんですよ。かなり異例なことだと思います。町蔵さん、〈Blurred Lines〉のPVをかけようとしていますが大丈夫ですか？　ちゃんとモデルが服を着てるバージョンにしていますか？

長谷川　場所が場所なので、着衣バージョンです（笑）。

大和田　これ、女性モデルが裸で踊っているバージョンも普通にネットにあがってますので、興味のある方は家に帰ってからチェックしてください（笑）。それにしても今年は女性が脱いでるビデオが多くなかったですか？

長谷川　多かったですね。**マイリー・サイラス**も〈Wrecking Ball〉でずっと脱いでましたね。

大和田　ジャスティン・ティンバーレイクの〈Tunnel Vision〉でも女の人が脱いでましたし、もうなんの競争だみたいな（笑）。

★ロビン・シック：77年にカナダ人俳優アラン・シックの息子としてロサンゼルスに生まれたが、小学校の学区に黒人街が含まれていたため、黒っぽい感性を持つ男に成長。ネプチューンズ主宰のスタートラックからリリースしたセカンド作でスターとなった。中学時代から付き合っていたポーラ・パットンと結婚し、おしどり夫婦として知られていたが、後に離婚。

★マイリー・サイラス：92年にカントリー歌手ビリー・レイ・サイラスの娘として生まれ、ディズニーの子供向けシットコム『シークレット・アイドル ハンナ・モンタナ』（06〜11年）でブレイク。音楽的にはテン年代前半にアーバン化したものの、18年現在はカントリーに回帰している。

長谷川　見れば分る通り、ロビン・シックも白人なんですけど、ずっとＬＡの黒人コミュニティの中で育った人で、メンタリティ的には完全に黒人なんですよね。奥さんも黒人女優のポーラ・パットンで、ファンの大半も黒人女性なんです。

大和田　この人も名誉黒人ですね。

長谷川　ジャスティンの曲でマーヴィン・ゲイの名前を出したけど、この曲って、マーヴィン・ゲイが77年に大ヒットさせた〈黒い夜 Got to give it up〉って曲にそっくりなんです。ちょっと聴いてみますか？

大和田　マーヴィン・ゲイの遺族にパクリだって訴えられましたけど、これは**かなり無理筋**なんじゃないかなあ。

長谷川　これでパクリだったら色んな人が捕まってますから（笑）。これもニッキー・ミナージュと比べると、昔のソウル、ディスコっぽいグルーヴがありますね。

大和田　いわゆる４つ打ちではないし、グルーヴがスムーズですよね。そして、この曲のプロデューサーがＰＶにも少し映っている**ファレル・ウィリアムズ**です。彼と、さっきのジャスティンの曲を手がけたティンバランドは同じヴァージニア出身ですよね。

★かなり無理筋：だれもがそう思っていたが、15年マーヴィンの遺族側がまさかの勝訴。ソングライターたちに衝撃を与えた。

★ファレル・ウィリアムズ：73年ヴァージニア生まれ。高校時代は2歳年上のティンバランドとグループを組んでいた。バンド・キャンプで知り合ったチャド・ヒューゴとともにテディ・ライリーのもとに弟子入り。その後自立し、ヒューゴとのネプチューンズ名義で多くのヒット曲を手掛けた。

長谷川　高校時代には、一緒にグループを組んでいた時期もあるんですよ。

大和田　彼らは90年代後半にヒップホップ・シーンに登場してサウスのサウンドを確立したプロデューサーです。その人たちが、いわゆるEDM的な4つ打ちに対抗すべく、ロビン・シックやジャスティン・ティンバーレイクといった名誉黒人をプロデュースして大ヒットさせたという。だから、この動きは4つ打ちに対する揺り戻しとみることもできるかもしれませんね。

長谷川　彼らはこれで完全に復権を果たした。流石《さすが》というかしぶといというか。次は**ブルーノ・マーズ**いきますか。ブルーノ・マーズはみなさん、知ってるかなって思うんですけど。

大和田　女性にはファンが多いのでは。

長谷川　この〈Treasure〉が非常にヒットしたんですけど、これも70年代のディスコっぽい感じの曲で、ちょっと昔のマイケル・ジャクソンっぽくもあります。

日米のヒット曲をコード解析してみる

長谷川　さっきからかけている3曲って13年に歌謡曲的なノリでアメリカで売れた

★ブルーノ・マーズ：85年ハワイ生まれ。フロー・ライダーやシーローらのヒット曲にライターとして関わった実績をバックに10年にソロ・デビューした。家族全員が音楽関係者で、物心ついた頃からホノルルのラウンジで歌い続けていたため、ライヴ・パフォーマンスの安定感は異様なほど高い。

曲なんですけど、日本のJ-POPとの違いってなんだと思いますか？　なにか違うなって思うところってありますかね。

大和田　実は町蔵さん、きょうはなんとキーボードを持参されてます（笑）。

長谷川　簡単に言うと、非常に少ないコードの繰り返しだけで曲ができてるんですよ。ちょっとPDFを開けてもらえますか？　コード解析してきたんで。

大和田　すごい、コード解析！

長谷川　汚い字ですみません。例えば、今年ディスコっぽい曲と言われた日本のヒット曲にAKB48の〈恋するフォーチュンクッキー〉がありますよね。

大和田　筒美京平っぽい曲調だと言われたやつですね。

長谷川　どういう構造になってるかっていうと、イントロがあって、Aメロが2回繰り返されてから雰囲気がちょっと違うBメロになる。そのあと「カモンカモンカモン」っていう部分をきっかけにサビに入りますね。つまり楽曲の構成でいうと、AABCって言われる古典的な展開になっています。使われてるコードは7つです。次はAKB48より洋楽っぽいと言われてる、きゃりーぱみゅぱみゅの〈にんじゃりばんばん〉。これはイントロ部分だけでも沢山コードが使われてますね。この曲は前サビと呼ばれる形式で、キャッチーなこのパートが2回繰り返されて、東洋っぽいブリッジが入って、後バースが入って、また前サビに戻るという形式です。コードは9つ。意外と多い。

大和田 作曲はPerfumeも手がけている中田ヤスタカさんですね。

長谷川 それに対して〈Suit & Tie〉ではいくつコードが使われてるかというと、一応バースがあってサビがあるんですが、コードはたった2つしか使われていない。ということでちょっとカシオトーンを弾いてみますか。おぼつかない感じですみません。

大和田 一般的な歌もののR&Bに聞こえるけど、実はコードは2つしかないっていうことですね。少し文脈は異なりますが、アメリカの音楽史上、コード進行をしなくなることについてはこの授業でも何度か取り上げていて、要するに**マイルス・デイヴィス**のモード奏法とジェームズ・ブラウンのファンクの確立は、どちらもコード進行を極力否定して成立したんですよね。

長谷川 なるほど。(〈Suit & Tie〉を流しキーボードで実演しながら)ここでサビになるじゃないですか、でもコードはバースからずっと2つのコードの繰り返しなんです。

大和田 このパターンがすごく多い。サビにいって曲調が変わったように聴こえる

★マイルス・デイヴィス：26年イリノイ生まれのジャズ・トランペッター。ヒップホップ的に人気なのは70年作『Bitches Brew』の表題曲。かつてジミヘンやスライへの共感を示していた彼は晩年ヒップホップに傾倒しており、その試行錯誤は92年の遺作『ドゥー・バップ』で確認できる。

んだけど、実はコードはぜんぜん変わってないっていう。要するにループしてるだけってことですよね。

長谷川　（2つコードを弾いて）これだけなんですよ。だからJ－POPより弾き語りが簡単なんです。皆さんも演奏してみてください。

大和田　（笑）。

長谷川　〈Blurred Lines〉いってみますか。これは馬鹿みたいな曲ですから。

大和田　比較的シンプルな曲ではありますけどね。

長谷川　サビに入っても変わらない（笑）。

大和田　まあこれは大して変わった気はしないですけど。

長谷川　じゃあ最後に〈Treasure〉いってみますか。

大和田　これは王道の進行ですよね。

長谷川　メロディ的には〈恋チュン〉と同じＡＡＢＣ進行なんですよ。でもコードはＡもＢもＣもずっと同じなんです。

大和田　これ、実は『文化系』の中でも二人で話したことなんですけど、これは要するに何かというと、サンプラーのボタンを押している感覚なんですよ。ある楽曲から4小節抜いて、ボタンを押してそれをループさせるというのがヒップホップの基本的な作曲法であるわけで。

長谷川　かっこいいところだけ抜いている。

大和田　そう、かっこいいところだけ抜いて、そこをループさせる。日本のポップスって、どんなに洋楽っぽく聴こえても別のコードに変わっちゃうんですよ。昔、**大瀧詠一**さんが言ってたことですが、日本ではスリー・コードのストレートなロックンロールは流行らないと。間にマイナー・コードをひとつ挟まないとヒットしないと言ってたんです。先ほどの話に置き換えると、日本人はスリー・コードのループには耐えられなくて、どうしてもマイナー・コードの進行を挟んでしまうと。いまの日本の音楽シーンもそうですけど、特に**ももクロ**なんかは……

長谷川　なるべく突飛なコード進行にする（笑）。

大和田　そう。コード進行が物凄く圧縮されて、むしろ展開しまくるという奇形的な発展をしていて。

長谷川　逆に〈Treasure〉だと、最初のコードがこうじゃないですか（実演）。次がこうなるんですけど、4音のうち2音は前のコードからずっと鳴り続けているんですよ。J－POPの場合はコードチェンジすると構成音ががらっと変わっちゃうんですけども、海外のヒット曲って例えばハーモニーが3音とか4音使われて

★大瀧詠一：48年岩手出身のシンガー・ソングライター。盟友・細野晴臣ほどにはヒップホップへの関心を示さなかった彼だが、87年に手がけたトニー谷「さいざんす・マンボ（ザンス・ミックス・バージョン）」ではラテン・ラスカルズを彷彿とさせるメガミックスに挑戦している。13年没。

★ももクロ：アイドル・グループ、ももいろクローバーZのこと。パブリシティ・スタントによって話題を常に絶やさないようにしている姿勢はヒップホップ的といえるかもしれないが、音楽的にはオズフェストへの出演やKISSとの共演など、ハード・ロックとのコラボが目立つ。

るとしたら、たいていそのうち2つくらいが前と同じ音を使っているんですよ。なぜかっていうと、いまアメリカ人ってヒップホップに毒されているから、なるべく同じようなコードが続く方が気持ちいいって感じているんですよね。そういう意味では日本人とぜんぜん感覚が違っちゃってる。

ポップスにも波及するヒップホップの手法

大和田　R&Bのサブジャンルとしてヒップホップがあるわけではなくて、ヒップホップのサブジャンルがR&Bだという話を以前から言ってるんですが、いまやアメリカの売れ線のヒット曲の作り方がヒップホップ的になっているということですよね。歌のメロディがあって色々曲調が変わってるようにみえても、実はコードは2つか3つでループしているだけというケースが多い。

長谷川　作る側から言っても、4小節単位の和音の繰り返しのループだけ作っていて、その上にラッパーがラップを乗せるのと、歌手が自分でそれに綺麗に乗るようなメロディを考えて歌うのとは、作業的にほとんど変わらない。さっきの流れでニッキー・ミナージュの対抗軸として、歌手の曲ばかり続いたのはおかしいじゃないかって思った人もいたと思うんですけど、ロビン・シックもジャスティンもブルーノ・マーズもそういう意味ではヒップホップなんですよね。

大和田 そうですね。少し話が変わりますが、いまジャズ・シーンに新世代のミュージシャンがどんどん出てきていて、みんな若い頃から当然のようにヒップホップを聴いているわけです。それで新しい連中に共通してるのが、このループ感なんですよ。例えば今、活躍しているジャズ・ドラマーは、ある特定のドラマーの影響を受けたというよりは、むしろサンプラーの影響を受けている（笑）。

長谷川 **クライド・スタッブルフィールド**とか**〝ジャボ〟スタークス**に影響されたって言わないで、サンプラーに影響されたって言っているんだ（笑）。

大和田 そうそう、だから大事なのは「ループ感」の「感」の方で、彼らはわざとレコードが針飛びしてるようなツッツッと詰まったようなビートを組み立てるんです。

長谷川 ループさせるために最後の小節が詰まっている感じですね。

大和田 そうです。最初にこれをやったのがルーツの**クエストラヴ**で、彼が**Jディラ**のビートをコピーしたのがはじまりだという人もいるようですが。それで、実はこの点が70年代や80年代のフュージョン系のドラマーと一番違うところだと思

★クライド・スタッブルフィールド、〝ジャボ〟スタークス：それぞれ黄金期のジェームズ・ブラウンのバンドに在籍し、彼のファンク革命に貢献したドラマー。〈Funky Drummer〉はクライド、〈Sex Machine〉はジャボによるもの。2018年没。なお腎不全に苦しんだ晩年のクライドの治療費を肩代わりしていたのは、故プリンスだった。

★クエストラヴ：フィラデルフィア出身のヒップホップ・グループ、ザ・ルーツのドラマーで、ディアンジェロやエリカ・バドゥ、コモンの作品にプロデューサーとして貢献。なお09年以降ルーツは、NBCの深夜帯番組にもレギュラー出演。演奏だけでなくコントにも参加している。

います。大学の音楽サークルでも、いまだに**ヴィニー・カリウタ**や**デイヴ・ウェックル**のようなフュージョン系のドラマーを重宝する傾向がありますが……。

長谷川　上手いですからね。

大和田　テクニックはもちろんすごいんですが、ループ感がまったくない。だから逆に言うと、**クリス・デイヴ**とか**マーク・コレンバーグ**などの若いジャズ・ドラマーに比べるとどうしても古臭く聞こえてしまう。フュージョン系のドラマーはサンプラー的なループ感に欠けるんですよ。そういう意味ではジャズも例外ではなくて、ヒップホップ的な手法がどんどん浸食してきている。

長谷川　マイリー・サイラスや**ケイティ・ペリー**も、リズムがちゃんと入ってる曲ってループで作られていますからね。そういった状況はアメリカだけでなくて、今は曲作りが世界的にループっぽくなっている。Ｋ－ＰＯＰとか聴くと、コードの繰り返しはアメリカほど徹底してなくて、サビになると転調したりしてるんですけど、それでも前のコードを引きずるように変えていくっていう手法を多用している。そういう意味ではＫ－ＰＯＰの方がＪ－ＰＯＰより世界標準に近いです。

大和田　だから12年に、韓国のＰＳＹが爆発的にヒットしたんですよね。

長谷川　Ｊ－ＰＯＰはＧ－ＰＯＰって呼んだ方がいいですよ。ガラパゴス文化なん

★Ｊディラ：74年デトロイト生まれ。トラックメイカーとしてトライブ・コールド・クエストやディアンジェロ、コモンらの傑作に関わる。血栓性血小板減少性紫斑病が原因で32歳で亡くなったが、そのサウンド・デザインと特異なビート感覚は今なおシーンに影響を与え続けている。

★ヴィニー・カリウタ：56年ペンシルヴァニア生まれの超絶技巧ドラマー。チック・コリアからフランク・ザッパ、スティング、そして松任谷由実と中島みゆきまでジャンルを横断して今なお活躍中。

★デイヴ・ウェックル：チック・コリア・エレクトリック・バンドのメンバーとして知られる60年ミズーリ生まれのジャズ・ドラマー。

★クリス・デイヴ：73年テキサス生まれ。ロバート・グラスパー・エクスペリメントで

ですよ。

大和田　それだとかえってＧ－ＦＵＮＫっぽくてかっこよく聞こえます（笑）。でもさきほどの大瀧さんの話ではないですが、昔からそうですよね。文化を積極的に輸入して、それを奇形的に発展させてしまう。たとえば、ももクロなどの作曲者として知られる**ヒャダイン**は**渋谷系**に多大な影響を受けたと言っているんですよ。つまり、洋楽があって渋谷系があってヒャダインがあるという風に考えると、もとの外国の曲がいかに日本の音楽シーンにおいて奇形的に進化を遂げたかがはっきりわかる。

長谷川　いま、クールジャパンって言って日本の音楽も売れないかなって、みんな悩んでいますけど、楽曲構造的に決定的な違いがあるので、相当難しいと思うんですね。どっちが良いか悪いかじゃないですよ。別にけなしてるわけじゃなくて、違うっていう話をしたいだけですよ。

大和田　でも、このループの上にメロディを乗せるという手法がアメリカでもどんどん洗練されている気がします。

長谷川　ブルーノ・マーズの〈Treasure〉とか聴くと〈恋するフォーチュンクッキー〉と変わらなく聴こえるんですよ。彼は天才だと思いますよ。繰り返しの上

名を挙げたジャズ・ドラマーだが、キャリアの始まりはR&Bバンドのミント・コンディション。ブレイクビーツ的なビートを生で叩く腕が買われて、現在はディアンジェロのバックも務めている。
★マーク・コレンバーグ：ロバート・グラスパー・エクスペリメントにおけるクリス・デイヴの後任ドラマー。デイヴ同様、R&Bアクトのバックを積極的に行なっている。
★ケイティ・ペリー：84年カリフォルニアで牧師の娘として生まれる。キャリア当初はCCMシンガーだったが、下ネタを含む女子の本音を歌った『One of the Boys』（08年）でブレイク。これまでにスヌープやカニエ、ジューシー・J、ミーゴスといったラッパーと共演している。

にとても綺麗なメロディを載せている。

大和田　〈Suit & Tie〉もあらためて聴き直さないと2コードの曲には聴こえませんよね。

長谷川　そうですね。世界は今こういう状況なんだよっていうのを今日教えたかったっていう話なんですけど（笑）。

大和田　じつはさきほど打ち合わせのときに鞄からカシオトーンがのぞいていて、町蔵さん今日は何をする気だろう、ついに学生の前で弾き語りでも始めるのかと思ってドキドキしていたのですが（笑）。でもこれでアメリカの音楽シーンのベーシックな音作りがわかりやすく伝わったのではないでしょうか。要するに、いまやヒップホップというのはひとつの音楽ジャンルに限らず、その手法がポップス・シーン全体に波及しているということですね。

ベテランの2013年を聴く①——ジェイZ

大和田　ではもう少しヒップホップ・シーンの話をしましょうか。

長谷川　まずベテランからいってみますか。エミネム、ジェイZ、カニエ・ウエス

★ヒャダイン：ニコニコ動画への投稿や芸能活動においてはヒャダイン、アイドルに楽曲提供するときは本名の前山田健一を名乗る80年生まれの作曲家。サウンド・プロダクションではピチカート・ファイヴの小西康陽、大胆な転調は小室哲哉からの影響が強く感じられる。

★渋谷系：90年代初頭に、渋谷の外資系CDショップでプッシュされた都会的なポップ・センスを持つ日本人ミュージシャンの総称。代表的なアーティストは、ORIGINAL LOVE、ピチカート・ファイヴ、そして小山田圭吾と小沢健二からなるフリッパーズ・ギター。

ト、どれにしますか？

大和田　カニエを最後にしましょう（笑）。

長谷川　ではジェイZの大ヒット・アルバム『マグナ・カルタ・ホーリー・グレイル』から〈Picasso Baby: A Performance Art Film〉をいきますか。

長谷川　これはペイス・ギャラリーっていうニューヨークの現代アートの総本山みたいな場所で、その手のアーティストたちと共演するっていうコンセプトのPVです。ヒップホップのPVっていうと高そうな車とかドンペリとかプールがある豪邸とかがお約束ですけど、彼の場合は大物すぎてもう金を見せびらかすっていう段階を超えている。

大和田　〈Show Me What You Got〉のころは、まさにモナコでフェラーリを乗り回すジェイZがプール付きの豪邸で豪遊するというPVでしたが、もうそのステージは越えたということですね。

長谷川　昔はこれみよがしだったのに、今は白いシャツに金のチェーンをさらりとかけているだけ（笑）。

大和田　PVで共演している女性は**マリナ・アブラモヴィッチ**じゃないですか。美術館でずっと立ち続けたりする世界的なパフォーマンス・アーティストですよね。

★マリナ・アブラモヴィッチ：体を張った過激なパフォーマンスで知られる、46年ユーゴスラヴィア出身のアーティスト。

長谷川　ＰＶ自体、彼女のパフォーマンスに影響されているので出てもらったらしいですね。ほかにも**ジム・ジャームッシュ**とか**ローリー・シモンズ**とかアート人種に自分のラップを見せつけるっていう。

大和田　「人はどのように上昇するのか」というケース・スタディとして、これほどわかりやすい事例はないのではないでしょうか。人間はまず最初に金とドンペリを求め、次に文化とアートに行き着くと。

長谷川　アート人種にも尊敬されたいっていう（笑）。ジェイＺは頑張りすぎて、いま**ビーガン**になろうとしているらしいですよ（笑）。

大和田　肉を食べなくなるのが最終到達点（笑）。やっぱり環境保護とかにいくんでしょうか。

長谷川　この曲のプロデューサーは、さっきのジャスティンの曲を手がけたティンバランドです。二人は昔ヒット曲を連発していて、最近は仕事を一緒にしていなかったんですけど、今回のアルバムでリユニオンしました。ラップとトラックの相性の良さは流石ですね。

ベテランの2013年を聴く②――エミネム

★ジム・ジャームッシュ：53年生まれの米インディーズ系映画監督。ニール・ヤングやイギー・ポップとの親交で知られるロッキンな男であると同時に、『ゴースト・ドッグ』（99年）では音楽にＲＺＡを起用、『コーヒー＆シガレッツ』（03年）にはＲＺＡとＧＺＡ、『パターソン』（16年）にはメソッドマンを出演させるなど、ウータン・クランをこよなく愛する一面もある。

★ローリー・シモンズ：コンセプチャルな映像作品で知られる49年ニューヨーク生まれのアーティスト。近年は、テレビ番組『GIRLS/ガールズ』のクリエイター兼主演女優レナ・ダナムの母親として有名。

★ビーガン：主に倫理的かつ環境的な側面から、肉だけでなくミルクやチーズなどの酪農製品も食べない菜食主義者のこと。アメリカには０・５

大和田　では**エミネム**いってみますか。エミネムも3年ぶりの新作『ザ・マーシャル・マザーズ LP2』を大ヒットさせました。エミネムはみなさん、名前くらいは知ってると思うんですけど。〈Berzerk〉を聴いてみましょう。

長谷川　ロックの世界だと、このくらいバカ売れしてる人って実は大したことなかったりするじゃないですか？　でもこの人は本当に凄いんですよね。

大和田　そういえば僕ら、これまでエミネムの話をほとんどしてないんですよね（笑）。

長谷川　彼は白人ですけど、もはや〈ラップ・ゴッド〉ってシングル出しても黒人ラッパーが誰も文句を言わないレベルっていう。この曲は、80年代に**ランDMC**や**ビースティ・ボーイズ**を手がけた**リック・ルービン**、PVにも映っている人ですけど、彼を引っ張りだしてきて、当時のヒップホップをわざと模したサウンドを作ってもらっている。この曲もEDMへのある種のアンチなんでしょうね。

大和田　さきほどからファンク、ディスコ、あとは**ダフト・パンク**なんかに象徴されるブギーもありましたが、2013年は色んな意味でレトロなサウンドが目立ちましたよね。そして、エミネムもあからさまにオールドスクールな曲をヒット

〜2%おり、ラッセル・シモンズ、RZA、エリカ・バドゥ、ジャネイ・アイコ、ワカ・フロッカ・フレイムはヴィーガンを自称している。

★エミネム：72年ミシガン生まれの白人ラッパー。MCバトル大会で名を挙げ、ドクター・ドレー主宰のアフターマスと契約。99年にメジャー・デビューして巨大な成功を収めた。自らラップ・ゴッドと名乗るが、それに疑問を挟むラッパーがいないほどの圧倒的なスキルを誇る。

★ランDMC：ジャージとアディダスをトレードマークに、ヒップホップ史上ほぼ初めて10代の白人ファンを獲得したグループ。その衝撃があまりに大きかったせいか、未だに「ラッパー」と言われて門外漢が脳裏に浮かべるイメージのオリジンは彼らであり続けている。

させました。ＰＶに映っている**ブームボックス**がいかにも80年代的です。
長谷川　エミネムはこういう反時代的なサウンドで売れまくりました。白人だからロック・ファンにだけ売れてるっていうのじゃなくて、ラップ・チャートでも上位を独占する勢いで。
大和田　なんだかんだいって白人ラッパーでメジャーなまま残っているのはエミネムだけですよね。
長谷川　ヒップホップの世界では白人ってだけでハンデ背負ってるところがあるんですよね。逆差別状態。でもエミネムはハンデをはねとばすくらい凄いって話だと思うんですけどもね。
大和田　とにかくラップが凄いですよね、本当に。
長谷川　この人、娘の成長以外はラップの技術向上にしか興味がないらしいですからね（笑）。
大和田　というか、娘の成長に興味があるラッパーが多すぎませんか？
長谷川　子供好きは多いですよね（笑）。
大和田　まあヤンキーですから（笑）。

★ビースティ・ボーイズ：ハードコア・パンクからヒップホップに転向して大成功したブルックリン出身のトリオ。メンバー全員がユダヤ系白人だった。12年にＭＣＡの死によって事実上解散した。
★リック・ルービン：63年ニューヨーク生まれのプロデューサー。ユダヤ系白人。デフジャムの創立者だったが、協同経営者のラッセル・シモンズと衝突し、暖簾分けしてデフ・アメリカン（現アメリカン）を設立。以降は主にロック畑のプロデューサーとしてレッチリやメタリカを手がけてきたが、近年はエミネムとカニエ・ウェストの後見人的な活動も行なっている。
★ダフト・パンク：ロボット・コスプレで知られるフランス出身のエレクトロ・デュオ。ヒップホップ界でも人気があり、カニエ・ウェストや

ベテランの2013年を聴く③——カニエ・ウェスト

長谷川　ではベテラン組のトリということで、カニエ・ウェストをいってみますか。聴いてもらうのは〈New Slaves (Live on SNL)〉です。

大和田　カニエ・ウェストは今年『イーザス』というアルバムを出しましたが、これが一番の問題作ですね。大傑作なのか、それともこんなものはヒップホップじゃないのか。カニエ・ウェストはゼロ年代のいわゆる「内省化」、つまり「俺はこんなにダメだ」というキャラクターをヒップホップ・シーンで定着させてきたわけですが、一方でサウンドもどんどん過激になってきています。

長谷川　非常に攻撃的っていうか殺伐としたアルバムでしたね。

大和田　**ルー・リード**が亡くなる直前に長文でこのアルバムを激賞しましたよね。彼自身、『メタル・マシーン・ミュージック』というギターのノイズだけで1時間みたいなアルバムを作ったことがある人なので、そういう人が褒めるのは非常によくわかります。ちなみにカニエ本人はこのアルバムのサウンドについてなんと言っているのでしょうか。

長谷川　本人は初期シカゴ・ハウスとかドリルンベースに影響を受けたって言って

N.E.R.D.、ウィークエンドにトラックを提供している。

★ブームボックス：巨大なラジカセのこと。またの名をゲットーブラスター。ヒップホップ黎明期においてラッパーやダンサーが屋外で使用するために街中を持ち歩いていたことから、現在はグラフィティ・アートとともにオールドスクール・ヒップホップのアイコン的存在になっている。

★ルー・リード：ATCQに〈Walk On The Wild Side〉をサンプリングされたことで知られる、42年ブルックリン生まれのユダヤ系白人ロッカー。ホワイト・ドゥワップ出身のため、根底にはR&B感覚を持っており、86年曲〈The Original Wrapper〉ではラップにも挑戦している。

ますけど、こういう音になったのはメンタルな部分が大きかったんじゃないでしょうか。パリのホテルで録音してるんですよ。ゴシップ好きの方はご存知かと思うんですけど、彼は**キム・カーダシアン**っていうセレビッチとの交際が原因で今パパラッチに追われている。子供が生まれたりして個人的には幸せな状態なんだけど、パパラッチ憎さに逃亡先のパリでこんなダークなアルバムを作ってしまった。

大和田　パパラッチ憎さなんですか、これ？（笑）

長谷川　受けたプレッシャーがハンパじゃなかったらしいです。この〈New Slaves〉っていう曲は、「俺がいくら金を稼いでも俺は黒人だから奴隷のまんまなんだ」みたいな感じで、非常に鬱屈したナンバーなんですよ。ただ、ひとつ言いたいのはこのアルバム、「追い込まれた男の魂の叫び」的な扱いで日本のロック雑誌でも大きく取り上げられたりしたんですけど、カニエ本人はたぶん作詞も作曲もほとんどやってないんですよね。

大和田　えっ！　そうなんですか？

長谷川　クレジットを見るとわかるんですけども、ゲスト参加もしてない**ライムフェスト**とか**サイハイ・ザ・プリンス**ってラッパーの名前が全曲にクレジットさ

★キム・カーダシアン：80年生まれ。父親はO・J・シンプソン事件裁判の弁護士団の一員だったロバート・カーダシアンで、R&Bシンガー、レイ・Jとのセックステープが流出した07年に放映開始されたリアリティ番組『Keeping Up With The Kardashians』によって誰もが知るセレビッチとなった。カニエ・ウェストとは12年に交際が明らかになり、14年に正式に結婚。18年現在で3児をもうけている。

★ライムフェスト、サイハイ・ザ・プリンス：各々カニエが主宰するGOOD Musicの所属ラッパー。当時のカニエは、彼らに「お題」を提示して、それに対して返ってきた面白い回答を採用する〈大喜利形式〉でリリックを作っていたと思われる。このためアルバム収録曲にはほぼ全曲に彼らのクレジットが載っている。

れてるんですよね。

大和田　彼らはラップしてないんですね。

長谷川　ラップしてません。おそらく彼らは作詞チームとして雇われていて、カニエが「俺はいまでも奴隷だ」っていうコンセプトを出して、みんなでガーッて書いて、カニエは「ここ採用、ここ採用」って出来のいいところを繋ぎ合わせて自分のリリックを作ってるんじゃないかと。

大和田　なんというか、**さいとうたかをプロダクション**みたいですね。大先生が最後にゴルゴの黒目だけ入れるみたいな。

長谷川　そう、そういう世界。でもさいとうたかをの作品なんですよね。

大和田　もちろん、『ゴルゴ13』はあくまでもさいとうたかを先生の作品です。

長谷川　プロデューサーとしてカニエのほかにダフト・パンクがクレジットされているんですけど、他にも何人もクレジットされてるんですよ。最終的にサウンドをまとめたのは、エミネムの時に名前が出てきたリック・ルービンだと言われています。何人ものトラックメイカーが関わった音の上に何人もの人が考えた詞をのせているっていう。それがカニエ個人の表現として発表されている。

大和田　設計だけしてるデザイナーみたいですね。

★さいとうたかをプロダクション：36年生まれの劇画家さいとう・たかをは、脚本家や作画スタッフを雇い分業制で『ゴルゴ13』ほかの作品を作っている。そのため「本人はゴルゴの目しか書いていない」という都市伝説があったが、信頼していた年長アシスタントが亡くなって、本人の作業量は近年かえって増加しているらしい。

長谷川　建築家の**安藤忠雄**みたいですよね。「宇宙ステーションみたいな駅」みたいなことだけ言って、ああいうとんでもない使いにくい駅を作ってしまうんですよね（笑）。

大和田　でた！　町蔵さんは今、ことあるごとに渋谷駅をディスってます（笑）。

長谷川　それはまあいいんですけど（笑）。ヒップホップの世界って基本的には、他人より質の高いものを作らなければいけない、という大原則があるんですよ。例えばロックだと精神的に追い込まれたときに作ったアルバムがぼろぼろでも、逆にそこが評価されるっていうところがあるじゃないですか。**ニール・ヤング**の『今宵その夜』とか。でもヒップホップはどんな状況で作ったとしても言い訳は許されない。クオリティは高くなければいけないんですよ。だから個人表現にみえても実は凄い集団作業で切磋琢磨して良いものを作ろうとしている。

2013年最高のヒップホップPV

大和田　この『イーザス』は、基本的には物凄く評価が高かったんですけど、でも僕らの本の中で、パブリック・エナミーはいまから振り返ると、ロック的な価値

★安藤忠雄：41年大阪生まれの建築家。親友はU2のボノ。

★ニール・ヤング：45年カナダ生まれのロック・ミュージシャン。『今宵その夜』は、ドラッグで命を落とした友人を偲んで泥酔状態でほぼ一晩で全曲を録音した75年のアルバム。最高傑作との声もある。ちなみにヤングは、ブッカー・Tのアルバム『Potato Hole』（09年）にギタリストとして参加、アウトキャスト〈Hey Ya〉のカバー版でギターを弾きまくっている。

感ではたしかに評価は高いかもしれないが、ヒップホップのゲーム的にはいかがなものかという話をしましたよね。その流れで言うと、ルー・リードが褒めたというのはとても象徴的で、たしかにオリジナリティはものすごく高いけど、そもそも「オリジナリティが高い」という表現が、ヒップホップ・シーンにおける褒め言葉になるのかどうか、この点を町蔵さんはどのように考えていますか？

長谷川　基本的にはこれは外角ギリギリを狙ったアルバムでしょうね。事実、セールスでいうと、同じ週に出た**J・コール**という明らかに格下の若手ラッパーと互角の勝負だったので、それほど大ヒットしたわけではないんですよね。

大和田　僕もまったく同感です。繰り返しますが、一歩間違うと「前衛ロック」的に聴かれかねないアルバムだとも思うんです。過激で、オリジナルで、かつ作品として完結しているというか。だからルー・リードが褒めるのはよくわかるんだけど、ヒップホップというエンタテインメントのゲームとしては、本当に外角ギリギリという感じですよね。この点についてはまたあとで話したいと思いますが、むしろカニエの他の作品と合わせて考えることで、かろうじてこのアルバムがヒップホップのアルバムに聴こえてくるというか。

長谷川　そうですね。でもカニエは外角を攻め続ける男なんですよね。

★J・コール：85年生まれで、ジェイZが主宰するRoc Nation の第1弾アーティスト。地に足が着いたライフ・スタイルで知られており、豪邸自慢の成金ライバルたちを尻目に、アルバム『2014 Forest Hills Drive』ではノースキャロライナの実家の屋根に座ってみせた。

大和田　だからある意味で彼がヒップホップのストライクゾーンをどんどん広げているとは言えますよね。それとは別に、カニエの曲のPVでどうしても流したいのがあるんですけどいいでしょうか？『イーザス』のラストに収められた〈Bound 2〉なんですけど、このビデオを見てどう思うか率直な感想を聞いてみたいというか。これ、初めて見たときどう反応していいのかわからなくて（笑）。もうぜんぜん意味わからなくないですか？　この女の人がさっき話に出たキム・カーダシアン。

長谷川　噂の彼女と共演しているんですよね。

大和田　そうなんですけど、これ物凄くシュールじゃないですか。

長谷川　本人がこれでかっこいいと思ってるところが凄いですよね（笑）。

大和田　どうしたらこういうPVを作れるのでしょうか。そうしたら、その直後に俳優の**ジェームズ・フランコ**と**セス・ローゲン**がこのPVのパロディ、〈Bound 3 (Vague)〉を制作しました。僕はこのパロディ版をみてやっと気持ちが収まりました。やっぱり笑ってよかったんだって（笑）。

長谷川　ジェームズ・フランコはみなさん顔は知っていると思うけど、『猿の惑星：創世記』や『オズ はじまりの戦い』に主演しているハリウッド・スターで、

★ジェームズ・フランコ、セス・ローゲン：学園ドラマ『フリークス学園』（99～00年）での共演以来、大親友の俳優。北朝鮮政府が激怒した『ザ・インタビュー』（14年）を筆頭に共演作も多い。なおフランコは『スプリング・ブレイカーズ』（13年）ではグッチ・メインと共演（敵対するギャング）している。

セス・ローゲンも『50/50 フィフティ・フィフティ』とかで知られているコメディ・スターです。二人はずっと昔からの親友同士なんですね。このPVではフランコがカニエを、セスがキムの役を完コピでマネしているという。

大和田　このパロディ・ビデオがものすごく話題になって、またカニエが怒り狂うんじゃないかってみんな思ってたら、意外と本人も楽しんだというコメントが発表されてちょっと拍子抜けしたという。

長谷川　よくこれだけのモノを短期間で作りましたよね。オリジナルのPVが公開されてから1週間かかってないですから。二人とも、特にジェームズ・フランコはめっちゃくちゃ忙しいはずなんですけどね。1年に何本も映画に出演して大学にまで通っている。

大和田　彼はいまイェール大学大学院英文科博士課程の院生ですからね。修士号を2つか3つ持ってるんですよ。「シェイクスピア講読」の演習にもちゃんと出席しているらしいですよ。

長谷川　忙しいのに何やってるんだっていう（笑）。

大和田　作らずにはいられなかったんでしょうね。これを見てしまうと、カニエのオリジナルのビデオをもうまともに見れない（笑）。まあいろんな意味で

２０１３年はカニエの年ではあったと思いますよね。
長谷川 ある意味ね。だってハリウッド・スターに、パロディ・ビデオを1週間もかけずに作らせるっていうインパクトを与えたわけだから。
大和田 ぜひみなさんも、家に帰ったらもう一度これ見てください。というか見比べてください。
長谷川 カット割もまったく同じですから。サンプリングですね、これは。そういう意味では13年最高のヒップホップのＰＶかもしれない（笑）。

2013年ヒップホップ・シーン最大の事件

大和田 ベテランに続いて中堅や若手を紹介してみましょうか。**プシャ・T**の〈Numbers On The Boards〉を聴いていいですか？
長谷川 聴きましょう。
大和田 彼はカニエのレーベルG.O.O.D. Music所属で、この曲もカニエがプロデュースしています。これ、ヒップホップの曲としてめちゃめちゃかっこいいと思うんです。カニエはこういうトラックを作っているから『イーザス』もヒップ

★プシャ・T：出身地ヴァージニアの先輩ネプチューンズに見出された兄弟ラップ・デュオ、ザ・クリプスの片割れで、77年生まれ。カニエのGOOD Musicからソロ・デビューを果たした。15年以降は、色々忙しいカニエに代わってGOOD Musicのチェアマンも務めている。

ホップ・ファンに受け入れられているのではないかと。

長谷川 そうですね。

大和田 ヒップホップは「お題として与えられたビートをラッパーがいかに乗りこなしながらラップするかというゲームだ」という話をしましたが、これはラッパーにとってものすごく挑戦的なビートだと思うんですよね。

長谷川 これでラップしろって言われたら普通の人はちょっときついですよね（笑）。

大和田 リズムをとるだけでも大変というか。

長谷川 低音がブーンって鳴ってるだけですからね（笑）。

大和田 このプシャ・Tという人はわりとベテランなんですよね。

長谷川 今年36歳です。

大和田 町蔵さん、今日はラッパーの年齢の一覧表を作成してきたんですか？（笑）

長谷川 はい（笑）。出身はヴァージニアで元々はさっき登場したファレル・ウィリアムズに引っ張りあげられて世に出たんですよね。クリプスっていう兄弟デュオでずっとやっていたのでキャリア的にはけっこう長いんですが、これがメジャーでは初ソロ作なので再デビューっていう感じです。

大和田 彼のアルバム『My Name Is My Name』は非常に評価が高かったですね。

長谷川　13年はほかにもキャリアがある人が今っぽいプロダクションでリフレッシュしたパターンがいくつかありましたね。元プレイヤーズ・サークルの**2チェインズ**とか元スリー・6・マフィアの**ジューシー・J**とか。ジューシー・Jはケイティ・ペリーの〈Dark Horse〉で彼女と共演しました。ケイティ・ペリーが泥臭いサウスに挑戦してるのがスゴいなあと。では次いってみますか。

大和田　やはりG.O.O.D.Music所属の**ビッグ・ショーン**の〈Control〉という曲です。

長谷川　彼は『glee／グリー』でサンタナ役をやっているナヤ・リヴェラと婚約したんですよね。まあどうでもいいんですけど（笑）。

大和田　知りませんでしたが、どうも二人はツイッターで知りあったようですね。21世紀だなあ（笑）。その彼が、若手ではラップのスキルが最も高いと言われているケンドリック・ラマーと、**ジェイ・エレクトロニカ**という二人をフィーチャーした曲なんですけれども、これがかなり物議を醸しました。13年ヒップホップ・シーン最大の事件といえるかもしれません。

長谷川　歌詞面で最も話題になったのに発売はされていないっていうのが良くわからない（笑）。

大和田　結局、権利関係がクリアにされなくて、ビッグ・ショーンのアルバムには

★2チェインズ：76年ジョージア生まれで、リュダクリス主宰のディスタービング・ダ・ピースから作品を出していたプレイヤズ・サークルの片割れ。12年にデフ・ジャムからソロ・デビューした。

★ジューシー・J：75年メンフィス生まれ。ダーティー・サウス・ラップの大物スリー・6・マフィアの一員として長らく活躍してきたが、テン年代以降はソロ活動に注力。ウィズ・カリファのテイラー・ギャング入りしたり、若手ラッパーと共演することで新たなリスナーを獲得した。

★ビッグ・ショーン：88年デトロイト出身でGOOD music所属のラッパー。確かなスキルとともにイケメンとしても知られ、これまでナヤ・リヴェラ、アリアナ・グランデ、ジャネイ・アイコといった華麗な交際歴を誇る。名前に反

収録されなかったんですよね。

大和田　ビッグ・ショーンの次にラップしているケンドリック・ラマーのリリックに注目してほしいんですけども……。

長谷川　キレッキレな感じで出てきますよね。わざとビートをはずしてるっていうのがわかると思うんですけど。

大和田　まず問題になったのは、この人は西海岸のコンプトン出身なんですけど、〝I'm the king of New York〟ってどさくさにまぎれて言ってるわけです（笑）。えっ、いまニューヨークって言った？　みたいな（笑）。そのあとに〝I'm the king of the coast〟って続けてるので、要するにどこにいっても俺はキングだといってるわけですが。とはいえ、このラインにニューヨークのラッパーが当然のように猛反発して大騒ぎになったんですよね。

長谷川　ニューヨークからアンサー・ラップが沢山発表されました。

大和田　**ファボラス**がツイッターで「おい、いまどこか空いてるスタジオないか？」って呟いたりしましたが、アンサー・ラップをいち早く発表したのはブルックリンの**ジョエル・オルティス**だったでしょうか。こうして誰が一番かっこいいアンサー・ラップをアップするかというゲームが盛大に幕を開けたと。リ

して実はそんなに身長が高くない（173センチ）。

★ジェイ・エレクトロニカ：76年ニューオリンズ生まれのラッパー。同業者も絶賛するラップ・スキルを武器にRoc Nationと契約。またエリカ・バドゥとの間に子どもを作るなど私生活も充実している。しかし40代になっても正式デビューしておらず、当の本人もまだ本気を出していない。

★ファボラス：77年ブルックリン生まれ。ミックステープ業界で支持を集めていたDJ・クルー主宰のデザート・ストーム・レコードから01年にソロ・デビューして以来、一線で活躍中。

★ジョエル・オルティス：80年ブルックリン生まれ。ドクター・ドレーのアフターマス、ジャーメイン・デュプリのソーソーデフと契約を結ぶもデビューに至らず。「運がない

リックに戻ると、"I'm the king of New York" 以上に騒ぎになったのが、自分と同世代のラッパーを何人も名指しして、"I'm gonna murder you"、「殺してやる」ってラップしたところですね。

長谷川　名指しされたのは、J・コール、ビッグ・クリット、**ワーレイ**、プシャ・T、ミーク・ミル、エイサップ・ロッキー、ドレイク、ビッグ・ショーン、ジェイ・エレクトロニカ、タイラー・ザ・クリエイター、**マック・ミラー**。ほとんどが20代のラッパーですね。ただ名指しされたラッパーはむしろ喜んでたっていう。というのは、ケンドリック・ラマーって若手ではナンバー・ワンだと思われているラッパーですから、彼にライバル視されたってことは一流の証じゃんみたいな。この中ではマック・ミラーが92年生まれと一番若いんですけど、彼なんてめっちゃ喜んでましたよ（笑）。「あ、俺もいいんすか?」みたいな（笑）。

大和田　名前が挙がらなかった連中の方が積極的にアンサー・ラップを発表したりしましたよね。ラップがゲーム性の高い音楽ジャンルだということを今回あらためて思い知ったのは、この〈Control〉に対するアンサー・ラップのベスト5とか、多くのサイトでどのラップがレスポンスとして一番優れていたかをひとつひとつ評価する記事がたくさん出たんです。いかに気の効いた内容で韻を踏ませな

実力派ラッパーだけがメンバーになれるオールスター・グループ」のスローターハウスに加入して成功を摑んだ。

★ワーレイ：84年ワシントンDC生まれ。両親はナイジェリア系で、本名はオルボワーレイ・ビクター・アキンテメヒン。09年にマーク・ロンソンの後押しでデビューしたもののセールスは惨敗。しかしリック・ロスのメイバック・ミュージックに移籍して成功を収めた。ソウルフルな音楽性が持ち味。

★マック・ミラー：92年ピッツバーグ生まれのユダヤ系白人ラッパー。デビュー当時は同郷の先輩ウィズ・カリファと似た音楽性だったが、オッド・フューチャーやLAニュー・ジャズ勢との交流を通じてジャジーな音楽性に変化。高い評価を受けている。

がらもとのリリックに返答するか。大喜利みたいなものですよね。

長谷川　そうしたゲームの活性化こそがラマーの狙いだったんじゃないかなとも思うんですよ。数年前まではヒップホップのスター・ラッパーって30代半ばがメインで、「もうどうなっちゃうの」「ロックみたいになっちゃうんじゃないの」って思われていたんですけど、2～3年前くらいに20代のラッパーが出始めてから世代交代が進んでますよね。

大和田　たしかにLAのタイラーやニューヨークのエイサップ・ロッキーが出てきたあたりから若手がどんどん出てきてますね。

長谷川　それまでは若手ラッパーってデビュー作はそこそこ売れても、2作目で伸び悩んで失敗しちゃったりしていたんです。でも今年はラマーと同じ世代がセカンド・アルバムをいっぱい出したんですけど、どれも出来が良かったんですよね。

大和田　本当にそうです。

長谷川　シーンに定着しつつあるって状況なんですよ。だからケンドリック・ラマーからすると「この勢いで俺たちの世代で盛り上げていこうぜ」って檄を飛ばしたっていう感じなんじゃないかな。

大和田　なるほど。「ぶっ殺してやる」と言いつつ「俺たちが盛り上げていこう」

と同世代にエールを送っているいうことですね。それにしても、久々にツイッターを始めとしてものすごく盛り上がりをみせました。

「レコード契約なんて要らない」――チャンス・ザ・ラッパー

長谷川　この流れでエイサップ・ロッキーの曲を流してみますか。ラマーに「殺してやる」って言われてたロッキーなんですけども、一緒にツアーするくらい仲が良くて、このシングル〈Fuckin' Problems〉でも共演してるんですけど。

大和田　若手を代表するラッパーですね。もうずっと何年も騒がれていながら、1月にようやくメジャー・アルバム『Long. Live. A$AP』を出しました。去年、町蔵さんにお越しいただいたときも話しましたが、あの時点ではまだミックステープが流行っていて、「まだメジャー・アルバム出ないね」って言っていたのが、年が明けてやっと出たと。もう大昔のことのようです。

長谷川　でも待った甲斐がある良いアルバムでした。この曲もアグレッシヴでかっこいい。

大和田　ニューヨークのハーレム出身で、とてもスタイリッシュですよね。だから、いま東のエイサップ・ロッキー、西のケンドリック・ラマーという感じがありますよね。そして、エイサップ・ロッキーをはじめとしてニューヨークのハーレムやブルックリンから若手のラッパーがどんどん台頭してきた。

長谷川 そうですね。ひとりスターが出てくると出やすくなってくるっていう感じがやっぱりある。

大和田 ニューヨークってしばらく停滞してましたからね。

長谷川 老齢化が進んで山奥の過疎の村みたいになっちゃっていて（笑）。

大和田 僕が09年と10年にニューヨークにいたころは、90年代に活躍したラッパーが必ずライヴでトリを務めていて新鮮味がまったくなかったんですけど。若手がたくさん出始めている今の状況をニューヨーク・ルネッサンスなんていう人もいるくらいで。

長谷川 いま行くと面白いかもしれないですね。

大和田 あと他の地域で言うと、シカゴもわりと頑張ってますよね。次は**チャンス・ザ・ラッパー**というシカゴの若手の〈So Good (Good Ass Intro)〉です。

大和田 今年出たアルバム『Acid Rap』の1曲目なんですけど……

長谷川 アルバムといっても売り物ではなくミックステープ。ネットで無料でダウ

★チャンス・ザ・ラッパー…93年シカゴ生まれ。父はオバマのイリノイ時代からの有力な支援者で、オバマ政権下ではアメリカ合衆国労働省の五大湖地域代表を務めたケン・ベネット。本人もワシントンに住んだことがある。11年にマリファナ所持で高校から10日間の停学を食らったときに作ったミックステープ『10 Day』をネット上に公開して注目を集め、続く13年作『Acid Rap』でスターとなった。しかしCDデビューは頑なに拒みながら現在まで至っている。

ンロードできます。
大和田　みなさん、ただで聴けますよ。
長谷川　悪い業者が勝手にCD－Rに焼いたらそれがけっこう売れちゃって、その枚数だけでビルボードにチャート・インしちゃったっていう前代未聞のアルバムなんですよ。
大和田　インディ・ロック好きのサブカル男女も絶対好きなタイプの曲だと思います。気になって少し調べたんですけど、この曲、何をサンプリングしているか、ご存知ですか？
長谷川　あ、知らない。
大和田　これカニエの『Freshmen Adjustment, Vol.2』っていう06年に出してたミックステープの1曲目なんですよ。しかも曲の後半では**コモン**の曲もサンプリングしてる。カニエもコモンもシカゴ出身なんで、チャンス・ザ・ラッパーはこの1曲目で同郷の先輩ラッパーに敬意を表している。
長谷川　レペゼン・シカゴっていうことですね。
大和田　ええ。さらに、曲の途中で**ジューク／フットワーク**というシカゴ発祥の最新のビートも取り入れている。カニエの正規盤じゃなくて、ミックステープから

★コモン：72年シカゴ生まれ。92年にデビューして以来、コンシャスなリリックで人望を集め続ける男。ゼロ年代半ば以降は俳優としても活躍している。なおカニエ・ウエストの師匠で現デフ・ジャム副社長でもあるプロデューサー、ノー・I・Dは当初は彼の専属DJだった。
★ジューク／フットワーク：シカゴ発祥のエレクトリック・ダンス・ミュージック。BPMはハウスやテクノに似た早めのものだが、3連符を多用したポリリズミックなハイハットやスネア類、ヒップホップ的なヴォイス・サンプルが多用される。足を高速で交錯させながら踊るのがお約束で、チャンス・ザ・ラッパーもパフォーム中にノッてくると、このダンスを始める。

サンプリングしているという点も含めて、シカゴの新旧カルチャーに目配りが効いていて、若いのにいろいろちゃんとしてるなあと感心します（笑）。

長谷川　本来、無料のアルバムがチャート・インするくらい人気があるので、当然いろんなメジャー・レコード会社から契約の誘いが来てるんですよ。でも彼は全部断ってるんですね。「俺はレコード会社と契約するつもりはない」と。「ミックステープで自分の名前を宣伝して、ライヴに来てもらうというビジネススタイルで食っていくから契約なんかいらない」って言ってるんですよ。

大和田　凄いですよね。もうCDを売ることをぜんぜん考えてないと。少し話がずれますが、**松任谷由実**が80年代に特別だったのは、他のアーティストが収入源として捉えていたコンサート／ライヴを、彼女だけは支出項目、つまり宣伝費として計算していたという都市伝説があるんですね。とにかくコンサートに莫大なお金をかけてたのは確かですし。要するに彼女は大量生産されたCDを売るということが最終目的としてあって、他の活動はすべてそのための費用として計算していたと。まあ本当かどうかはわかりませんが、いまのチャンス・ザ・ラッパーの話はそれとはまさに対照的で、すべてはライヴという一回性のイベントのためにCDをただで配るということですよね。ある意味で、この二つの手法に80年代と

★松任谷由実：54年東京都八王子市生まれのシンガー・ソングライター。デビュー作『ひこうき雲』収録曲の「雨の街を」は、ナインス・ワンダーが16年作『Zion』でサンプリングしている。

2010年代のビジネスモデルが象徴的に表れているといえるかもしれません。それにしてもCDをタダで配るって……。

長谷川 ある程度キャリア築いたベテランだとこういうケースはあるんですよ。**プリンス**が新聞のおまけとしてアルバムを配ったり、**マドンナ**がライヴに来た客に最新作をプレゼントしたり。でもこれからの新人が最初から「俺はアルバム契約いらない」っていうのは凄いなっていう気がします。

大和田 もう若い世代は、CDが売れないということを前提に考えてるということですよね。

長谷川 そうですね。

大和田 彼はいくつでしたっけ?

長谷川 93年生まれだから20歳です（収録当時）。

大和田 若いなあ。

恐れを知らない若者たち――オッド・フューチャー一派

大和田 では今度は西海岸の若手、**アール・スウェットシャート**のメジャー・アル

★プリンス：紫色の絶対神。2016年に宇宙へ帰還。
★マドンナ：元マイルス・デイヴィス・バンドのレジー・ルーカスとエレクトロ・シーンの人気リミキサー、ジェリー・ビーンのバックアップでデビューした58年ミシガン生まれのポップ・シンガー。その後もナイル・ロジャース、シェップ・ペティボーン、ダラス・オースティン、ベイビーフェイス、ティンバランド、ファレル、ディプロらをプロデューサーに起用するなど、ブラック・ミュージックと強い関係を持ち続けている。
★アール・スウェットシャート：94年ロサンゼルス生まれ。オッド・フューチャーの最年少メンバーでトラックメイキングを手がけることも。ちなみに彼をサモア送りにした実母シェリル・ハインズはUCLAの法律教授、サモアから

バム『Doris』から〈Whoa〉をかけてみましょうか。
長谷川　彼は19歳です。
大和田　さらに若い。
長谷川　兄貴分のタイラー・ザ・クリエイターと来日したので、ライヴを観にいったんですけど、高校生にしか見えなかったですよ。アールってメジャー・デビューは今年ですけど、16歳くらいでもうミックステープを出して評判になっていた。でも歌詞があまりに猟奇的で、お母さんに怒られてサモアの全寮制高校に転校させられたんですよ（笑）。
大和田　サモアって（笑）。
長谷川　一時期はタイラーすら行方がわからなかったのが、高校卒業を機に晴れて仲間に再合流したっていう。
大和田　ふたりともオッド・フューチャーというLAのクルーに属しているわけですが、まあとにかくこいつら酷いですよね。ゲロ吐いたり虫を殺したり、そういうことが世界で一番かっこいいと思ってるどうしようもない若者たち（笑）。
長谷川　お母さんがやばいと思うのも無理はないんですけどね、「こんな人たちと付き合ってたら、うちの息子はダメになってしまう」みたいな（笑）。

救いだしたレイラ・スタインバーグはトゥパックの詩の先生である。

大和田　でもあんたのところの息子が一番悪いんだっていう（笑）。

長谷川　アールのリリックが一番えげつないって話ですからね。子どもだから恐れを知らないっていう。

大和田　ふだんヒップホップを聴かない人は、もしかするとさっき見せたエミネムのPVが今でも「典型的なヒップホップ」だと思っている人がいるかもしれないけど、そういう意味ではヒップホップのイメージってだいぶ変わりましたよね。このPVを90年代に活躍していたラッパーが見たら「いまの若者はなってない」って説教し始めると思う。

長谷川　「全然上を目指す感じじゃないじゃないか」って。ボロボロな家に住んでマズそうなもの食べてますもんね（笑）。

大和田　「向上心？　意味わかんない」みたいな（笑）。

長谷川　アールはこれで満足してますからね。「まあ楽しいからいいじゃん」みたいな。「さとり世代」（笑）。だからオッド・フューチャーの連中ってアールに限らず凄い残虐で暗いリリックをラップしてはいるんですけど、不思議と能天気でユーモラスなイメージがあるんですよね。その証拠がこれ、タイラー・ザ・クリエイターの〈Tamale〉なんですけど。これはタイラーの曲でPVが完全にお笑い系。彼が今年出した『WOLF』も凄く良かったです。

大和田　オッド・フューチャーが出てきたときはやっぱり衝撃的でしたよね。本当にジェネレーションが変わったというか、彼らが出てきたことでウータンとかが圧倒的に古く見えてしまった。でも学生のみなさんも、音楽に馴染みがなくてもPVのこういう世界観は感覚的にはわかるんじゃないかな?

長谷川　わかるというかわかってほしい。J-POPの歌詞なんて建前ばかりで世の中のことをまったく語っていない。本当は世の中こうでしょうと言いたいわけですよ(笑)。

大和田　いや、でもゼロ年代以降の日本語ラップってまさにこういう雰囲気になってるんですよ。

長谷川　それは確かにわかるんですけど、タイラーやアールのアルバムは大メジャーのソニーから配給されていて、ビルボードのトップ・テンにランクインしてますからね。日本でもそういう状況にならないかなと夢想してしまうんですよ。

大和田　たしかにその違いはありますね。では**ダニー・ブラウン**〈Dip〉をかけてみましょうか。

長谷川　この人も『XXX』って2年前のアルバムはミックステープで、今回満を

★ダニー・ブラウン：81年デトロイト生まれ。地元での活動によってジェイZのロッカフェラや50セントのGユニットから関心を持たれるがデビューに至らず。独立独歩でやっていくことを決意してミックステープを発表しはじめ、出世作『Old』をリリースしたときは32歳だった。

持して商業アルバムをリリースしました。

大和田 この曲が収録されている『Old』というアルバムは物凄く評価が高かったですよね。

長谷川 インディー・ロックサイトとかでも軒並み評価が高くて。ダニー・ブラウンはけっこう歳で、もう32歳。リル・ウェインよりも年上なんですよ。

大和田 あ、いい歳なんですね。どうりでキャラが立っているというか、とにかくまず顔がすごいですよね（笑）。

長谷川 シンナーやりすぎみたいな。ちょっと古い表現ですけど（笑）。

大和田 でも実はダニー・ブラウンって相当な音楽オタクらしいんですよ。好きなミュージシャンは**アーサー・リー**と答えたりしているようで。

長谷川 だからトラックメイカーにイギリスの**ダブステップ**のプロデューサーを起用しているんですね。音楽的な視野が広い。そういう志向の人って今まではラップが弱かったりしたんですけど、この人はラップのスキルがとんでもないので、そういう意味でも凄いなっていう。

大和田 この人もラップバカの系譜ですよね。彼はデトロイト出身でしたっけ？

長谷川 13年はデトロイト勢は調子良かったですね。エミネムもビッグ・ショーン

★アーサー・リー：60年代に活躍したアフリカ系ロッカーとしてはジミ・ヘンドリックスと並ぶ才人で、ラヴの中心人物。69年に発表した11分の大曲〈Dogone〉の5分すぎからのドラム・ソロは、カニエやモブ・ディープ、タリブ・クウェリらによってサンプリングされている。

★ダブステップ：2ステップのダブ・ミックスにヒップホップやドラムンベースの要素を加えた英国産ダンス・ミュージック。

もデトロイト出身ですし。

「地域性」より「世代間闘争」

大和田 きょう町蔵さんにお訊きしたかったのは、ゼロ年代以降アトランタやヒューストンとサウスが中心だと言われ続けてきて、ニューヨーク出身のエイサップ・ロッキーもサウンド的には南部っぽかったりするわけですが、今年どこか特定の場所が盛り上がったというのはあるのでしょうか。

長谷川 地域性がだんだんなくなってきてますよね。むしろ世代が焦点になってきてるのかなと。いま中心になってる20代半ばくらいのラッパーは、ラマーが逆説的に「殺してやる」って言えるくらい横の連帯があって、その世代が出身地とか関係なく持ち上がってきた気がするんです。

大和田 ああなるほど。それで思いついたんですが、ニューヨーク・ルネッサンスというのも、逆に言うと地域性がなくなったということですよね。

長谷川 そう思います。昔は新人ラッパーって世に出るためには、地元の売れてるラッパーの使いっ走りになって、認められてだんだん上がっていってデビューするしかなかった。喩えて言うなら、昔の落語家のお弟子さんみたいな感じですね。でも今は喩えて言うならドラフト制度なんですよ。

大和田 というと？

長谷川 仲間と作ったミックステープをインターネットにアップして、評判が良いとメジャー会社の傘下に自分のレーベルを持っているような大物ラッパーから声がかかるんですよ。「俺のレーベルに来ねえか」って。それで「じゃあお世話になります」みたいになって。さっきの〈Control〉に名前が出て来たラッパーでいうと、ラマー本人はドクター・ドレーにスカウトされてメジャー・デビューした人で、J・コールはジェイZ、ワーレイとミーク・ミルはリック・ロス、プシャ・Tとビッグ・ショーンはカニエ・ウェスト、ドレイクはリル・ウェインのレーベルに所属しています。ドレーとケンドリックを除くと、彼らはレーベルの親分と地元の先輩後輩の関係とかでは全然ないんですよ。

大和田 クルーが地域と関係なくなってしまった。

長谷川 遂には「俺たちだけでレーベル作るからいいです」ってパターンも出てきた。オッド・フューチャーやエイサップ・モブがそのパターンですね。才能さえあれば世に出られるって状況があるので、逆に地域性がなくなっていってるのかなど思いますね。

大和田　そのお陰でニューヨークとかシカゴからも若手が出やすくなった。

長谷川　逆にいままでレコード会社の人たちが「もうニューヨークやシカゴはだめだよね」とか言ってたのが、そうじゃなくなってきてる。

大和田　「地域性から世代へ」という変化は大きいかもしれないですね。やはりオッド・フューチャーが出てきたあたりから、若手がどんどん台頭してシーンがすごく健全になっているようにみえます。ちゃんとお金が回ってるのかどうかはわかりませんが（笑）、役者は揃ってきてますよね。

長谷川　そうですね。未来が見えてきたっていう感じで。

大和田　去年も言いましたが、ヒップホップという音楽ジャンルが成立したのが70年代ですから、すでに40年以上経っている。ひとつのジャンルとしてはかなり長続きしているんですよ。90年代に一度大きなピークがあったけど、どんどん新しい才能が出てきてジャンルとして今まさに二度目のピークを迎えているという人もいる。そういう状況で、町蔵さんが指摘された「地域性」よりも「世代間闘争」が中心になるという話は示唆的ですね。

長谷川　いまの主力になりつつある層のちょい下はみなさんと同じくらいの年代な

ので。

大和田　そうですよ。19歳とか20歳ですから。

長谷川　ブルックリン出身の**ジョーイ・バッドアス**なんて18歳ですからね。〈95 Til Infinity〉を。

大和田　この曲もミックステープからのPVですね。彼は来年（14年）メジャー・デビューの予定です。

長谷川　95年って我々にとってはつい最近ですけど、彼が生まれた年なんですよね。思わず気が遠くなる（笑）。でもレゲエっぽいフロウがかっこいいです。いかにもジャマイカ系が多いブルックリンらしいラッパーですね。というわけで、みなさんも頑張ってください。やばいですよ。同世代どころか年下の才能がどんどん世に出てきていますから。

［2013年12月、慶應義塾大学三田キャンパスにて収録］

★ジョーイ・バッドアス：17歳のとき発表したミックステープ『1999』で注目された95年ブルックリン生まれのラッパー。東海岸ヒップホップの新伝承派であると同時に、テレビ・ドラマ『MR. ROBOT/ミスター・ロボット』にレギュラー出演するポップ・スターの面も持つ。

A$AP Rocky
エイサップ・ロッキー

Long. Live. ASAP

2013
Polo Grounds Music / RCA

ハーレムを拠点とするエイサップ・モブの中心メンバーによるメジャー・デビュー・アルバム。ニューヨーク出身の大型新人は久しぶりということで、多彩なゲストが主役を盛り上げる。とりわけシングル・カットされた⑦のビデオは、ファッション・アイコンとしてのエイサップ・ロッキーに焦点を当てながら、ドレイク、ケンドリック・ラマー、そして2チェインズの豪華マイク・リレーが圧巻。

Childish Gambino
チャイルディッシュ・ガンビーノ

Because The Internet

2013
Glassnote

俳優、コメディアンとしてだけでなく、人気テレビ・シリーズ『アトランタ』の制作者としても知られるマルチ・タレントによるセカンド。ほとんどの楽曲を自らプロデュースするインディー・ミュージック的な感性はときにヒップホップ的な規範を逸脱しがちだが、チャンス・ザ・ラッパーやジェネイ・アイコなどのゲストを迎え、その年のグラミー賞最優秀ラップ・アルバムにもノミネートされた。

Danny Brown
ダニー・ブラウン

Old

2013
Fool's Gold Records

前歯が欠けたルックス、甲高い声で畳み掛けるフロウなど独特のキャラクターが持ち味のデトロイト出身のラッパー。本作はイギリスやカナダのプロデューサーのトラックも収録し、グライムやエレクトロのサウンドを大胆に取り入れている。シングルカットされた⑬はアニメと実写を合成したミュージック・ビデオも話題になった。ビルボードのアルバム・チャートで18位まで上がった作品。

Drake
ドレイク

Nothing Was the Same

2013
Cash Money Records

今やヒップホップ界だけでなく、ポピュラー音楽シーンを代表するミュージシャンとなったドレイク。3枚目のスタジオ・アルバムとなる本作は、盟友40やボーイ・ワンダなどのトラックもますます洗練され、ラップと歌が醸し出す心地よさも計算され尽くされている。エイサップ・ロッキーなどがカメオ出演し、80年代のTVドラマ『マイアミ・ヴァイス』を彷彿とさせるビデオも話題に。

Earl Sweatshirt
アール・スウェットシャート

Doris

2013
Odd Future Records

ロサンゼルスを拠点とするコレクティヴ、オッド・フューチャーの一員のデビュー・アルバム。音楽活動に反対した母親に半ば強制的に入れられたサモアの全寮制学校から帰国して制作された一枚。南アフリカ共和国のアクティヴィスト兼詩人を父に持つアールのリリックはその詩情やライムスキームの評価が高く、ダークなトラックと相まって内省的でありながらパワフルな作品となっている。

O

Eminem
エミネム

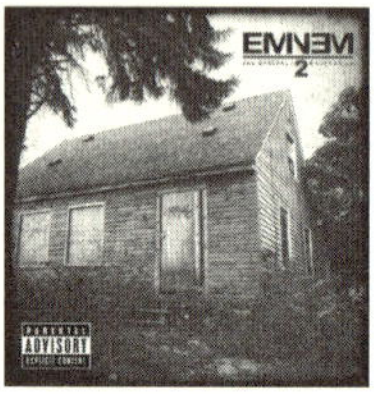

The Marshall Mathers LP 2

2013
Aftermath Entertainment

2000年にリリースされた『ザ・マーシャル・マザーズLP』の続編。ビースティ・ボーイズをサンプリングしたファースト・シングル⑧、流行のEDMのサウンドを取り入れ、エミネムのラップ・スキルを存分に披露した⑨、リアーナをフィーチャーし、ビルボードのシングル・チャートを制した⑫など多彩な楽曲が並ぶ本作は第57回グラミー賞で最優秀ラップ・アルバム賞を受賞した。

O

Jay-Z
ジェイZ

Magna Carta Holy Grail

2013
Roc-A-Fella Records

ヒップホップ界の頂点に君臨するラッパー、12枚目のスタジオ・アルバム。一般発売前にサムスン社の顧客は専用のアプリケーション・ソフトでフリー・ダウンロードできたのも話題に。ティンバランドを主要なプロデューサーに迎え、マイク・ウィル・メイド・イットや当時16歳の女性プロデューサー、ワンダ・ガールなど若手のトラックも採用したが、評価はさほど高くなかった。

O

Juicy J
ジューシー・J

Stay Trippy

2013
Taylor Gang / Kemosabe Records

2018年に突如として再評価の波が訪れたメンフィス出身のグループ、スリー・6・マフィアの元メンバー。古巣を離れ、ウィズ・カリファのテイラーギャング・レコードに所属して最初のソロ・アルバム。アトランタのトラップ・シーンに多大な影響を及ぼしたジューシー・Jが、レックス・ルガーやマイク・ウィル・メイド・イットなどトラップ・ミュージックのアーキテクトと組んでいるのは感慨深い。

O

Justin Timberlake
ジャスティン・ティンバーレイク

The 20/20 Experience
2013
RCA

俳優としても活躍する元イン・シンクのシンガー、3枚目のソロ・アルバム。ティンバランドを中心とするプロダクションに本人のテナー／ファルセット・ヴォイスが完璧にマッチし、この年にもっともヒットしたアルバムとなった。『ソーシャル・ネットワーク』(2010)でジャスティンを起用したデヴィッド・フィンチャー監督による〈スーツ&タイ〉のモノクロのビデオも素晴らしい。

Kanye West
カニエ・ウェスト

Yeezus
2013
Def Jam Recordings

ヒップホップ・ミュージックの境界を拡張し続けてきたラッパー／プロデューサーの6枚目のアルバムであり、13年最大の問題作。エグゼキュティヴ・プロデューサーにリック・ルービンを起用した本作は、従来のラップ・ミュージックのトラックとはかけ離れたインダストリアルかつ実験的なビートに溢れている。ベネズエラの奇才アルカが4曲のプロデュースにかかわっているのも話題に。

Pusha T
プシャ・T

My Name Is My Name
2013
Def Jam Recordings

ファレル・ウィリアムズなどと同郷のヴァージニア・ビーチ出身のラッパー。兄とともにクリプスというデュオで活動、そのラップ・スキルの高さには定評がある。2010年にカニエ・ウェストのG.O.O.D musicと契約、現在はレーベルの社長を務めている。ラップ・アルバムとして本作の評価は非常に高く、とくにカニエのトラックの中でも屈指といえるビートを乗りこなす②は傑作。

Robin Thicke
ロビン・シック

Blurred Lines
2013
Star Trak Entertainment

現代アメリカを代表するブルーアイド・ソウルのシンガー。ファレル・ウィリアムズがプロデュースした表題曲がこの年に大ヒットし、ビルボード・ホット100で12週連続1位を獲得した。ところが、マーヴィン・ゲイの遺族によってこの曲の「フィーリング」が〈ガット・トゥ・ギヴ・イット・アップ〉(1977)と似ていると訴えられ、多くの音楽関係者の予想に反してファレルらは敗訴した。

Run The Jewels
ラン・ザ・ジュエルズ

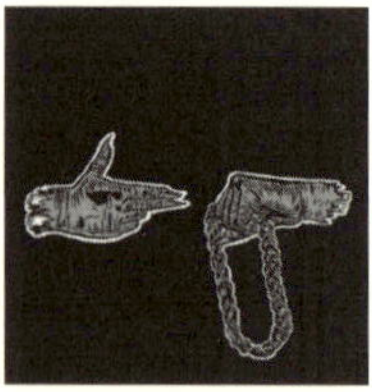

Run The Jewels
2013
Street Beats Records

90年代東海岸のオルタナティヴ・シーンを代表するカンパニー・フローの元メンバー、エル・Pと、アクティヴィストやコメンテーターとしてもたびたびメディアに登場するキラー・マイクのデュオ。サンプリングを多用し、巧みなフロウでプレイフルなリリックを操る二人のケミストリーは、90年代ヒップホップの最良の遺産を受け継いでいる。多くの媒体で年間ベスト・アルバムに選出された。 O

T.I.
T.I.

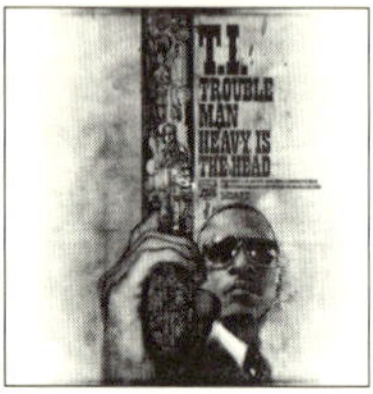

Trouble Man
2013
Fool's Gold Records

アトランタ出身のラッパーによる8枚目のスタジオ・アルバム。しばしばヤング・ジージーとともにトラップ・ミュージックの創始者のひとりに数えられる。72年のブラックスプロイテーション・フィルムのサウンドトラックを手がけたマーヴィン・ゲイのアルバムにあやかる本作は、薬物所持などで二度収監された自身の過去を「トラブルマン(問題児)」と反省し、更生を誓った作品。 O

Vic Mensa
ヴィック・メンサ

Innanetape
2013
Save Money

チャンス・ザ・ラッパーを擁するシカゴのクルー、セイヴマネーのファウンダー。もともとキッズ・ジーズ・デイズというバンドでニコ・シーガル（ドニー・トランペット）などと活動していたが、13年にバンドが解散するとJ・コールとワーレイのツアーに同行することを発表、その直後にこのデビュー・ミックステープをリリースした。類い稀なラップ・スキルと高い音楽性が各誌に絶賛された。 O

The Weeknd
ザ・ウィークエンド

Trilogy
2013
Republic Records

トロント出身のR&Bシンガーが12年にリパブリック・レコードと契約するにあたり、前年にリリースした3枚のミックステープと未発表曲をリミックス／リマスターして3枚組のアルバムとして発表。ほとんどの楽曲をドック・マッキンニーとイランジェロがプロデュースしているが、官能的でどこか哀しみを漂わすウィークエンドのシンガーとしての資質をうまく引き出している。 O

第5部
ジャズ×ヒップホップ[2]

ゲスト:**柳樂光隆**(ジャズ評論家)

Talkin' All That Jazz & Hip Hop
Featuring Mitsutaka Nagira

YouTubeがジャズ・ミュージシャンの意識を変えた

大和田　柳樂さんが『JTNC』で強調しているのは、いまのジャズ・ミュージシャンは（ビバップやハードバップの系譜というよりは）むしろヒップホップやレディオヘッドを聴いてると。でもこれはコインの裏表ですが、ロバート・グラスパーなどの作品をマイルスやハービー・ハンコックの系譜にあるジャズ・ミュージシャンが作ったものだと強調することもできるはずですよね。つまり、即興というスキルを持ったミュージシャンが、フォークっぽかったりインディ・ロックっぽい作品を発表しているのだと。いわゆるジャズ親父がデリック・ホッジの『Live Today』を聴いてこれはジャズじゃないというのは、まあそういうふうに聞こえると思うんですよ（笑）。でも逆説的な言い方をすれば、このアルバムはジャズ・ミュージシャンにしかつくれないアルバムだということもできると思うんです。

柳樂　これはけっこう大事なことだと思うんですけど、上手いミュージシャンがジャズを模して作るものではなくて、ジャズができるジャズ・ミュージシャンが作ってるからデリック・ホッジの作品はああなるんですよね。僕はジャズ・

ミュージシャンの意識の変化の一番の理由はやっぱりYouTubeだと思うんですよ。録音物で自分のソロがほとんどないような作品を出しても、ソロをたくさん弾いているライヴの映像をウェブにいくらでも上げちゃえるじゃないですか。それが凄いでかい気がして。いままではライヴを見に来られない人に向けてライヴ盤を出さなきゃいけなかったんだけど、それをやる必要がなくなった。だから若い世代だとライヴ盤も少ないんですよね。

長谷川　アルバムに長いソロを入れなくてもいいと。

柳樂　それはYouTubeでどうぞって。

大和田　CDに「打ち込みは入ってません」てわざわざクレジットするあたりに、ジャズ・ミュージシャンとしての矜恃《きょうじ》というか、アイデンティティが表れてますよね。

柳樂　そう、それは物凄くあるんですよ。

大和田　でも出来上がった作品は、かなりポピュラリティを意識したものになる。そこでずっと疑問なのは、デリック・ホッジの『Live Today』は即興の要素も大きいわけですが、そのときにプレイヤー自身が考える即興という概念が50年代、60年代のバップのゲームをやってた連中と、具体的にどう違うのか、それがすごく知りたいんですよね。うまく言語化できていないんですが、ひとつ考えているのはさっきから言っていることで、即興演奏を「点」や「線」ではなく、「空間」として捉えるとどうなるのか、ということなんですが……。

柳樂　最近聞いた発言でいちばん納得したのは、Rabbitoo っていうポスト・ロックっぽい日本のバンドにインタビューしたときですね。Rabbitoo のギタリストの**市野元彦**さんてバークリーに行ってて、めっちゃ上手いんですよ。でも、そんな人が、「ジャズ・ミュージシャンだから今回こういうふうに弾いて、次は違うふうに弾かなきゃいけないって思うことはすごく不自由なんだ」「気持ちいいフレーズなり、凄いものができてしまったら、それはそのままトレースしてもいいんじゃないかっていう、そういう自由さで僕たちはやってる」っていう話をしていて。たぶんそうなったきっかけのひとつに、ジャズの即興ゲームの進化があったと思うんです。そのゲームが極限までいったのがたぶんゼロ年代半ばくらい。もうどうなってるのか訳がわからない変拍子があるじゃないですか（笑）。10何分の何みたいな。ニューヨークとかボストンでみんなあれをひたすらやって、それで疲弊したっぽいんですよ。黒田卓也さんや**スガダイロー**さんもそうで、アメリカに最初に行ったらみんながそれをやってて、なんとか追いつこうとしたけど

★市野元彦：68年神戸生まれのギタリスト、作曲家。藤原大輔らとRabbitoo、外山明、津上研太らとTime Flows Quartetなどで活動。

★スガダイロー：74年生まれ、鎌倉出身のジャズ・ピアニスト。山下洋輔に師事、バークリー音楽院に留学。志人（降神）や飴屋法水など異分野のパフォーマーとの共演も多い。

途中で飽きちゃったと。だから黒田さんは「自分は学校じゃなくて教会でやってたファンキーなセッションに行くようになったんだ」みたいな。市野さんは、そのゲームのすごさを別の表現で話してて、「テナー・サックス奏者の**マーク・ターナー**が（バークリーのある）ボストンに来る度に進化しててサックスで出せる高音の音域が高くなってるんですよ。フラジオの音域がどんどん高くなってて尋常じゃなかった」っていう話をしてて。でも、マーク・ターナーを見た学生が練習するから、自分の周りのテナー奏者の音域もどんどん高くなってたっていう話をしてて（笑）。

大和田 逆にいうと、そのコミュニティみたいなものは生きてるには生きてる？

柳樂 いまだに修行の場としては生きてますね。

長谷川 仲間内しかいないセッションって無数にあるみたいですね。**山中千尋**さんから聞いたんですけれども、ニューヨークでは誰かのアパートの部屋とかあらゆるところで行なわれているっていう。

柳樂 国内でもすごい多いですよね。ハードルの高い譜面禁止のジャム・セッションとかも存在するし。

長谷川 そういう意味では、ビバップ創世記のミントンハウスみたいなノリってい

★マーク・ターナー：65年生まれのジャズ・サックス奏者。現代ジャズ・シーンでもっとも影響力のあるサックス奏者のひとり。

★山中千尋：ジャズ・ピアニスト。母校バークリーの助教授としてピアノ科で指導もしている。

いうのはまだ生きてるんですね。

柳樂　ジャズに関しては、いま一番でかいモンク・コンペっていうコンペティションがあって、そこで優勝するとコンコードからCDが出せるんです。他にも無数にあって、基本的に今、表舞台に出ている人たちはなんらかのコンペティションを勝ち抜いて奨学金をとって、まずニュースクールなりバークリーにいくっていうのをみんなやってきてます。だから、ジャズ・ミュージシャンは最低限のレベルがめちゃくちゃ高くて、そんなやつらが競い合ってる。この前、インタビューで聞いたのは、そんな奴らが集まるバークリーで、特にレベルが高い人しか受けられないクラスがあって、そこの先生が**フレッド・ハーシュ**とか**ダニーロ・ペレス**らしいんですよ。そのエリート集団の中でも勝ち抜いた人がいまシーンに出てきていてるんですね。その流れの筆頭が**ブラッド・メルドー**。

大和田　へえ。

柳樂　そこまでいくとすごく厳しいらしくて、レッスンで、ちょっとでもハービー・ハンコック風にやったり、ブラッド・メルドーっぽい響きがあるとめちゃ怒られるらしいです（笑）。とにかく誰とも違うことをやらなきゃいけなくて（笑）、恐ろしくハードだって言ってましたけど。

★フレッド・ハーシュ：55年生まれ、現代最高峰のジャズ・ピアニストのひとり。長年、ニューイングランド音楽院で教鞭をとるなど教育者としても知られる。

★ダニーロ・ペレス：65年パナマ生まれのジャズ・ピアニスト。2000年にブライアン・ブレード、ジョン・パティトゥッチなどとともにウェイン・ショーター・カルテットに加入。パナマ・ジャズフェスティバルを開催するなど母国では「英雄」扱い。

★ブラッド・メルドー：70年生まれ、現代ジャズ・シーンでもっとも有名なピアニストのひとり。レディオヘッドやニルヴァーナなど、ロックの曲をレパートリーに取り入れることでも知られる。

大和田 学生時代にそれこそ**パット・メセニー**や**ジョン・スコフィールド**をコピーしていた時期があるんですが、そのころ冗談で「バークリーには誰も姿をみたことがない黒幕がいて、みんなのソロをすべてチェックしていて、ダメ出しをしている。**マイク・スターン**も**マイケル・ブレッカー**もずっとチェックされているんだ」という話で盛り上がったことがあって（笑）。

柳樂 それ本当ですよ（笑）。

大和田 実話なんだ（笑）。

柳樂 フレッド・ハーシュが本当に怖いんだっていう話はこの前**ミシェル・レイス**っていうピアニストがしてましたね。あとは、『JTNC』にも書いてますけど、クリス・バワーズっていうピアニストが言うには、高校の時点でパフォーミング・アーツ系の学校に入って、そこでバークリーでやることをひと通りやっちゃってたって言うんですよ。やってることは一緒だから、大学でやってることの多くはすでに身に付いてたことだったと。だから、別にもうひとつ大学に行って、そこでは映画音楽の作曲コースで勉強してた、みたいな話をしてて。

長谷川 そこまでやっても音楽で食えるかわからない。現代音楽の世界みたいですね。

柳樂 恐ろしい世界ですよね。でも景気の問題もけっこうあるらしいです。昔の

★パット・メセニー：54年生まれのジャズ・ギタリスト。88年に『Still Life (Talking)』でジャズ・フュージョン・パフォーマンス賞を受賞するなど、10部門で20回にわたりグラミー賞を受賞している。

★ジョン・スコフィールド：51年生まれのジャズ・フュージョン・ギタリスト。独特の歪んだサウンドとスケールアウトしたフレーズが魅力。

★マイク・スターン：53年生まれのジャズ・ギタリスト。80年代前半にマイルス・デイヴィスのグループで活動後、ソロに。このジャンルでは珍しくフェンダーのテレキャスター・モデルのギターを使用。

★マイケル・ブレッカー：49年生まれのジャズ・サックス奏者。トランペット奏者の兄ランディとともにブレッカー・ブラザーズなどで活動。ジョン・コルトレーン以降、

景気が良かったころはバンク・オブ・アメリカとかが、音楽に投資してたから、全米の色んなところでワークショップをやってたらしいんですね。そこに行けば**テレンス・ブランチャード**が教えてくれて、みたい豪華なワークショップが至る所にあって、そこには学校での何らかの審査を勝ち抜いためちゃくちゃ上手いやつが選ばれて行くらしいです。まぁ、大体メンバーは同じらしくて、そういう場が技術の向上や出会いの場になったのがプラスになったと。ただ、今は景気が悪くて出資が減ってて、そんな恵まれた状況じゃないから、今の学生は大変かもねって。

黒人音楽の再編成

長谷川 ただ、ロバート・グラスパーのアルバムを聴くと、そうしたミュージシャンとしてのプライドのいっぽうで、ポップスを聴いているようなふつうのリスナーにラジオで聴かれたいっていう願望をすごく感じますけどね。グラスパーは『Black Radio』、エスペランサ・スポルディングも『Radio Music Society』と、レディオ、レディオうるさいじゃないですか（笑）。そのレディオが何を意味して

もっとも影響力のあったサックス奏者。07年没。
★ミシェル・レイス：82年生まれ、ルクセンブルク出身のジャズ・ピアニスト。
★テレンス・ブランチャード：62年生まれのジャズ・トランペット奏者、作曲家。『マルコムX』などスパイク・リーの諸作品などの音楽を担当。
★テレンス・ブランチャード：62年生まれのジャズ・トランペット奏者。スパイク・リー作品の映画音楽も手がけている。

いるのか、というのを今日もってきたんですよ。

Boogie Down Productions, Rob Base, Dana Dane, Marley Marl, Olatunji, Chuck D, Ray Charles, EPMD, EU, Alberta Hunter, Run-D.M.C., Stetsasonic, Sugar Bear, John Coltrane, Big Daddy Kane, Salt-n-Pepa, Luther Vandross, McCoy Tyner, Biz Markie, New Edition, Otis Redding, Anita Baker, Thelonious Monk, Marcus Miller, Branford Marsalis, James Brown, Wayne Shorter, Tracy Chapman, Miles Davis, Force MDs, Oliver Nelson, Fred Wesley, Maceo, Janet Jackson, Louis Armstrong, Duke Ellington, Jimmy Jam, Terry Lewis, George Clinton, Count Basie, Mtume, Stevie Wonder, Bobby McFerrin, Dexter Gordon, Sam Cooke, Parliament-Funkadelic, Al Jarreau, Teddy Pendergrass, Joe Williams, Wynton Marsalis, Phyllis Hyman, Sade, Sarah Vaughn, Roland Kirk, Keith Sweat, Kool Moe Dee, Prince, Ella Fitzgerald, Dianne Reeves, Aretha Franklin, Bob Marley, Bessie Smith, Whitney Houston, Dionne Warwick, Steel Pulse, Little Richard, Mahalia Jackson, Jackie Wilson, Cannonball AND Nat Adderley, Quincy Jones, Marvin Gaye, Charles Mingus AND Marion Williams.

柳樂　これ、何ですか？

長谷川　前に話に出てきたスパイク・リーの『ドゥ・ザ・ライト・シング』の劇中で、サミュエル・L・ジャクソン扮するブルックリンの下町のラジオＤＪが謝辞を述べるアーティストの一覧なんですよ。

大和田　へえ。

柳樂　へえ。

長谷川　ミュージシャンの名前をガーってコールして「あなたたちがいるから、僕らは辛い人生を明るく生きていける。ピース」みたいなことをいう感動的なシーンなんです。もちろんセリフはスパイク・リーが書いてるんですけど、ジャズ・ミュージシャンの名前がソウルやヒップホップのアーティストの合間にめちゃくちゃランダムに入ってるんですよ。マーヴィン・ゲイの次に**チャールズ・ミンガス**が出てくる。

柳樂　そうですね。あ、**テディ・ペンダーグラス**も？

大和田　**ザ・ドリフターズ**の加藤茶と志村けんの「ヒゲダンス」のテーマ曲……といっても若い人はもうわからないか（笑）。

長谷川　これがグラスパーの考える「Black Radio」なんじゃないかなと。彼やエス

★チャールズ・ミンガス：22年生まれのジャズ・ベーシスト兼バンド・リーダー。『直立猿人』（56年）など集団即興と物語構成を持つ作品として評価が高い。79年没。

★テディ・ペンダーグラス：50年生まれ、フィラデルフィアソウルのR&Bシンガー。〈Do Me〉（79年）がザ・ドリフターズのコント「ヒゲダンス」のテーマに使用された。

★ザ・ドリフターズ：56年に結成した日本のコミックバンド／コントグループ。66年のビートルズ来日の際に前座を務めた。メンバーの志村けんはソウル、ファンク、ジャズ音楽の熱心なファン。ちなみに「ドリフの早口言葉」のテーマはウィルソン・ピケット〈Don't Knock My Love〉。

ペランサがこの映画を意識してるかどうかはわからないですけど、同じブラック・ミュージックとしてヒップホップやR&Bに混じって、ラジオで流れてほしいという願望をもっていると思うんです。

柳樂　グラスパーもインタビューではプロデュースをするときはラジオのことを考えるっていってました。ただ聴いてもらえるかどうかみたいな話じゃなくて、ラジオでかけてもらうために必要なフォーマットがあって、それにしなきゃいけないとか、そういう話をするんです。

大和田　ミスチルの桜井さんみたいですね（笑）。

柳樂　そうそう（笑）。

大和田　彼が昔、ラジオで流れるサビの15秒だけで曲の魅力をアピールできなければダメ、といってたのを覚えています。

柳樂　グラスパーの場合は、ラジオでかけてもらうためには、いろんなビートのバリエーションがないと番組に合わない、みたいな話でしたね。ラジオをすごく強調してました。そういう意味でも、グラスパーの音楽はニューヨークの音楽なんですよ。『文化系』で、車に乗ったときのためのヒップホップというのがありましたけど、ジャズはやっぱり郊外の音楽じゃないんですよね。

長谷川 グラスパーはニューヨークのシーンにいる人だな、というのは、インタビューを読んでもわかります。「この10年のヒップホップはろくなもんじゃなかった。ケンドリック・ラマーが出てきて、ようやくいいリリシストが出てきたな」とかいってるんですよ。ヒップホップ認識がちょっとズレてる。

大和田 あ、町蔵さん、ついに本丸のロバート・グラスパーもディスり始めた（笑）。まあでもこういう発言を読むと僕はいつも思うんですが、ミュージシャンにしてもファンにしても、アメリカの「インディ精神」は根強いというか、良心的な音楽ファンはメジャーで派手な音楽を認めないという風潮が日本以上に強いですよね。

長谷川 グラスパーは東海岸ヒップホップの美しい伝統を、自分が継承、発展させてやるという意志ももってるんだと思います。というのは、かつてそれを担っていたザ・ルーツは忙しすぎるんです。

大和田 夜の帯番組『トゥナイト・ショー』のハウス・バンドを務めてますしね。

長谷川 ザ・ルーツは知名度を武器に、ものすごく硬派なアルバムを大メジャーのデフ・ジャムからリリースしていて、それ自体はすばらしいことなんだけど、昔みたいに年に3枚も4枚も仲間のアルバムを製作する時間はない。だからゼロ年代初めにルーツがやっていたことをおれがやっていくんだ、みたいな。それで**ジル・スコット**とか**ジャグアー・ライト**とか、ルーツ周辺から昔デビューしたネオ・ソウル系シンガーたちを、いまだにゲストに招いているところもある。

柳樂　いわゆるネオ・ソウルに関してはすごく意識的ですよね。

長谷川　ですよね。で、ネオ・ソウルについて調べるとかならず出てくるのが**キダー・マッセンバーグ**という、一時期はモータウンの社長だった人なんです。それ以前はキダー・エンタテインメントという芸能プロダクションをやっていたんですけど、初期には『The Rebirth Of Cool』に収録されていたステッツァソニックとフリースタイル・フェローシップが所属していた。どちらもかなり早い時期にジャズを取り入れたヒップホップをやっていた人たちで、通ウケの存在で終わったんですけど、その後、彼が発掘したのがディアンジェロとエリカ・バドゥなんです。つまりキダー社長って、荒っぽいヒップホップを聴いていた子どもが、成熟した大人になったら、黒人音楽の伝統にのっとった洗練されたヒップホップを聴くようになるはず、という信念をずっともっていたんですね。そんな彼の信念が今のジャズ・シーンのなかでも生きている。

大和田　黒人音楽の再編成みたいなことともつながってくるんでしょうか。

★ジル・スコット：72年生まれ、R&Bシンガー、詩人。スポークンワードのアーティストとして活動を始め、ザ・ルーツのクエストラヴに見出されてデビュー。『Who is Jill Scott? Words and Sounds Vol.1』（00年）は高く評価された。

★ジャグアー・ライト：77年生まれ、フィラデルフィア出身のR&Bシンガー。ゼロ年代初頭にザ・ルーツのツアーに同行する。

★キダー・マッセンバーグ：64年生まれのレコード・プロデューサー。97年から04年までモータウン・レコードの社長を務めた。「ネオソウル」という名称の名付け親。

長谷川　そうですね。ヒップホップをジャズやソウルの延長線上のブラック・ミュージックとして位置づけようとしているんですよね。エリカ・バドゥって、音楽は昔から今みたいな感じだったらしいんですけど、キダー社長が会った頃のルックスは、ジーンズのつなぎを着てるような単なるテキサスの姉ちゃんだったらしいんですよ。キダー社長はそれをみた途端「ブルックリンに住んで感性を磨いてこい」といった。それで彼女はいわゆる「バドゥ巻き」に代表されるアフロセントリックな格好でデビューして、一気に人気をゲットするんですよね。そういう文脈に彼女を落としこんだ。逆にいま、彼女はそれがいやで、ちょっとおもしろい方向へいってますけど（笑）。もちろん、そういうジャズとコンテンポラリーな黒人音楽を橋渡ししようとする試みって、**クインシー・ジョーンズ**にさかのぼれるわけですが。クインシーって、そういう流れのなかでは、どう位置づけられるんですかね？

大和田　彼は若い頃からビッグ・バンドでヨーロッパをツアーでやたら回っているんですよ。先ほどの話でいうと、そこで「イギリス的な感性」を身につけたのかもしれません。『ソウル・ボサノヴァ』（62年）でボサノヴァに目をつけたのも早いし、何より**マイケル・ジャクソン**の『オフ・ザ・ウォール』と『スリラー』で

★クインシー・ジョーンズ：33年生まれ。アメリカのポピュラー音楽史上、もっとも重要な音楽プロデューサーのひとり。50年代にジャズ・アレンジャーとして活動を始め、70年代末から80年代にかけてマイケル・ジャクソンの作品のプロデューサーを務める。

★マイケル・ジャクソン：58年生まれ。「キング・オブ・ポップ」。09年没。

イギリス人**ロッド・テンパートン**をフックアップしてますし、圧倒的に鼻が利きますよね。

柳樂　クインシーは、「おれはリル・ウェインがわからない」みたいなことをつい最近言ってて、「やばい、こいつ」と思った（笑）。

大和田　ついにわからなくなったか、みたいな（笑）。

長谷川　息子が**QDⅢ**で、娘は**2パック**と付き合ってたこともあるのに。

柳樂　グラスパーはよく言われてましたよね。最終的にはクインシー・ジョーンズになるんじゃないか、とか。セルアウト的な揶揄《やゆ》として。

大和田　やっぱりそうなんですね。

長谷川　僕はグラスパーのアルバム自体には、すごくクインシー的なものを感じるんですよ。

大和田　プロデューサー的ということですか？

長谷川　というか、良心が許すギリギリのところで売れ線をやっているというか、ある部分を犠牲にしても売れようとしてる。あれっ？　と思うくらいポップじゃないですか。

大和田　『ブラック・レディオ』ってものすごくヒットしたんですか？

★ロッド・テンパートン：49年イギリス生まれの作曲家、キーボード奏者。ヒートウェイヴで活動後、独立。クインシーのもとでマイケル・ジャクソンの〈スリラー〉、〈ロック・ウィズ・ユー〉、〈オフ・ザ・ウォール〉などを作曲した。

★QDⅢ：クインシー・ジョーンズ3世。68年生まれの音楽、映画プロデューサー。リル・ウェインのドキュメンタリー『The Carter』などをプロデュース。

★2パック：71年生まれ。ヒップホップ界でもっともリスペクトされるラッパーのひとり。ニューヨークに生まれ、ロサンゼルスに移住。90年代の東西抗争のなか、96年に何者かによって射殺され命を落とした。

柳樂　アメリカでも、日本でもけっこう売れてます。

長谷川　そのおかげでまわりのミュージシャンもソロ・アルバムを出せたりするところはあるので、そういう立場を引き受けているところにクインシーを感じますね。

柳樂　そこはすごく自覚的ですよね。基本的に自分がリーダーだと思ってやってるというのがそもそもあるので。

長谷川　でもそれに対するヒップホップ側の対応も興味深い。**バッドバッドノットグッド**っていうカナダ出身のジャズ・トリオがいるじゃないですか。

柳樂　ビートインクから出たやつですね。

長谷川　彼らはトロントの音大出身で、まだ20代前半なんですよ。ネット上でタイラーのカバーとかジャズを演奏してたら、逆にタイラーやフランク・オーシャンがおもしろがってライヴのバックに使ったりして、13年のアール・スウェットシャート（『Doris』）とダニー・ブラウン（『Old』）のアルバムにトラックを提供しているんです。去年を代表するヒップホップ・アルバム2作にプロデューサーとして参加しちゃってるわけです。

長谷川　〈Hoarse〉は彼らが手がけたアールの曲です。

★バッドバッドノットグッド：10年にトロントで結成されたインストルメンタル・グループ。ギャングスターの〈Mass Appeal〉やグッチ・メイン〈Lemonade〉のカバーで知られる。

大和田　カナダの白人ジャズ・ミュージシャンがこの曲を手がけてる、と。
長谷川　ある種残酷といっちゃなんですけど、これだけアメリカの黒人がいまヒップホップと融合しようとしてるのに、当のラッパーたちは、カナダの白人のやるジャズをおもしろがっている。「トラックつくってよ」とかいって、モテモテなんですよね、彼ら（笑）。グラスパーたちって、モス・デフとかいかにもな人たちとしか付き合わなくて、ラップ力のある若手を呼ぼうという発想があまりないのが残念だなと思う。なんか知らないけど、バッドバッドノットグッドだけは、そういう人たちと付き合っている。すごくおいしいところを外からきて横取りしちゃってる感じがありますね。ただし、この人たちはグルーヴというよりも、ネタっぽいフレーズをコラージュ的に1曲に詰めこんでるタイプなんですよ。だからアプローチがぜんぜん違ってて。
柳樂　そうなんですよ。**アリシア・キーズ**や**50セント**のバックをやってたThe Stepkidsとか、ああいうのもそうですよね。
長谷川　うん。だからそっちのほうがおもしろがられているというのが、興味深いんですよね。

★アリシア・キーズ：81年生まれのシンガー。02年に〈Fallin〉でソング・オブ・ザ・イヤー、新人賞他グラミー賞5冠を獲得。
★50セント：75年生まれのラッパー。24歳の時に9発被弾して死にかける。エミネムとドクター・ドレーに見出され、ゼロ年代初頭にG-Unitを率いて大成功する。

ジャズはヒップホップの武器になるか？

柳樂　これを聴いたあとだと、クリス・バワーズがケンドリック・ラマーをカバーしたのがいいかな。〈Rigamortis〉っていう曲で、アルバムには入ってないんですけど、本人があげてるオフィシャルの動画があるんですよ。バワーズはセロニアス・モンク・コンペティションのピアノ部門で優勝して、20歳くらいから、**アレサ・フランクリン**と、ジェイZと、マーカス・ミラーのバンドをやっている、という。

長谷川　天才ですね。

柳樂　天才中の天才ですね。スーパー・エリートなんですよ。あっちのミュージシャンにきいても、クリス・バワーズは尋常じゃないって言います。すでにベテランみたいな境地にいる。とはいえ、この演奏を聴いて、ラッパーが一緒にやろうと思わないのは僕もわかります。入り込める余地がなさすぎるというか（笑）。

長谷川　隙がなさすぎて、「トラック提供して」とは、ちょっと言いにくいですよね（笑）。

大和田　あと先ほどから町蔵さんがなんとなく言おうとしているのは、要するに

★アレサ・フランクリン：42年生まれのソウル・シンガー。「クイーン・オブ・ソウル」。18年8月没。

ジャズ側からのヒップホップへのアプローチみたいなものは、どうしてもザ・ルーツやモス・デフに収まりがちなんですが、それは僕らの本の中で使った言葉でいうとあくまでも「音楽」であって、ヒップホップのコンペティションにはじつはあまり目がいっていないということですよね。

長谷川 そうですね。

柳樂 旬なのはそこじゃないだろうということですよね。

大和田 旬ではないよね。

長谷川 断じて旬ではない。それとサラリーマンって退職すると先祖のことを調べたりするじゃないですか。

大和田 いきなりなんですか。

長谷川 うちの父親も、曾祖父のふるさとの新潟まで行って昔の戸籍を調べたりしてたんですけど。

大和田 町蔵さん、それは今後もまだしばらくジャズは聴かないっていう宣言ですね（笑）。

長谷川 人って、戦いから降りると拠り所を求めて……。

大和田 町蔵さんはそもそもどの戦いから……（笑）。

長谷川　自分はどこから来たんだろうって思いたくなる。Qティップとかモス・デフもそうで、彼らはそれがジャズなんじゃないかと思ってる。

大和田　ええ。

長谷川　もちろんそれはある意味正しいんですけど、実際にいまシーンでまだ戦ってる人たちは、そこまでは目が向かないし、勝つための武器としての音楽しか求めていない。だからバッドバッドノットグッドは武器に使えても、この人では戦えないというシビアな判断はあるんですよね。

大和田　そこが非常に面白いところだと思うんです。つまり、さきほど町蔵さんが見せてくれた『ドゥ・ザ・ライト・シング』のリストもそうですが、黒人アーティストにとって「理想的」なヘリテージ（遺産）がある。それはソウルやヒップホップに混じってチャールズ・ミンガスなどの黒人ジャズ・ミュージシャンが並ぶリストです。でも実際は、ヒップホップではボブ・ジェームズのような白人フュージョン・ピアニストの曲がもっともサンプリングされてきたし、今もカナダ人白人ミュージシャンのトラックが重宝されている。こういう現場の価値観に比べると、ヒップホップのメジャー・シーンをディスるグラスパーの歴史観がいささか優等生的に見える、というのはあると思うんですよね。

柳樂　わかる。

長谷川　ただ、フライング・ロータスは戦力としてみなされてるのがおもしろいんですよね。あんな前衛っぽいのに全米1位をとったマック・ミラーのアルバム『Watching Movies With The Sound Off』のプロダクションをやってますからね。そういったラッパー側のセンスというのもおもしろい。何が使えるかっていう部分にうかがいしれない価値観があって、そこに僕がヒップホップを聴き続ける意味もあるんです。

大和田　ひとつ面白いと思ったのは、この『JTNC』はヒューストンという街の音楽文化に焦点を当てた本としても読めると思ったんですよ。それでいうと、ヒップホップ的にもゼロ年代のヒューストンはものすごく重要な街だったわけで、黒人文化の中心地というか……。

長谷川　パフォーミング・アーツ系の。

大和田　そうそう。もちろん大きい街だからいろんな人がいるといえばそれまでなんだけど、ヒューストン出身者というか、そこで教育を受けた人がこんなに多いことに驚きました。

長谷川　この本を読む前は、黒人ジャズ・ミュージシャンなんてもはや上流階級の子弟だけだと思ってたんです。でも実際は、まわりから引っぱりあげられてそういう道に入れた人も結構いるっていうことがわかった。そういう意味では、まだジャズもストリートの才能ある人間が上がっていく手段になってるのかな、という気はしました。

大和田　ビジネスとは別の意味で。

長谷川　名誉なんでしょうね、それは。

大和田　伝統芸能っていってしまうと身も蓋もないですが、奨学金でもジャズだったら金を出すという人がいくらでもいますから。

柳樂　そのプラットフォームに教会が。

長谷川　うん、やっぱり教会って強いんだなって思いましたね、そういう意味では。だいたいヒップホップの鍵盤弾きっていうのも、半分以上は教会で習った程度の人が多いですよね。**テラス・マーティン**っていうのはジャズ畑なんですか?

柳樂　あの人は、元はジャズ畑にいたらしいです。

長谷川　そんなにすごいテクニシャンという感じがしないですけど。

柳樂　たぶんジャズの世界では出てこれなかった人のひとり、という感じじゃないですかね。

★テラス・マーティン：78年生まれのミュージシャン、プロデューサー。独学でピアノやサックスを習得、スヌープ・ドッグのプロデューサーとして頭角を表し、ケンドリック・ラマーの作品にもかかわる。

長谷川　あの人もいまウェッサイの鍵盤師としては引っ張りだこで、この前出たYGっていう新世代ギャングスタ・ラッパーのデビュー・アルバムでも弾きまくってるんですよ（笑）。弾きまくってるっていってもバッキングだけなんですけど、それが思いっきりゴスペルチックで。そういう教会上がりのキーボーディストっていますよね、ずっと。

柳樂　旬なところと共演しない、というのは、たぶんジャズ・ミュージシャンの矜持みたいなものと関連してますよね。日本のいわゆるストレート・アヘッドのジャズ畑にいるミュージシャンと話してると、「俺はこいつとはやりたくない」とかすごいんですよ。それは人が嫌いとかではなくて、これ以下のレベルでは俺は絶対にやらないっていうのが強い。ロバート・グラスパーも厳格にそういう場所にいたので……。

長谷川　自分の音楽を理解してくれない人とやりたくないと思ってるんでしょうね。だからモス・デフとはやれても、タイラーとはやれないよっていう。

大和田　さっき聞いて実はびっくりしたんですけど、グラスパーの『ブラック・レディオ』の売り上げが数万枚っていってましたよね。つまり、ヒップホップのメジャー・シーンとは下手するとふた桁違う。

長谷川　すごいですよね。

大和田　ふた桁違うとなると、やっぱり別世界の話ですよね。いちおう確認しておきますけど、ロバート・グラスパーなどがこういう活動をする背景として、ジャズがまったく売れていないということが挙げられると思います。資料によって多少の誤差はあるものの、アメリカの音楽市場におけるジャンル別のシェアでいうと、ロックがだいたい30％前後、R＆Bとヒップホップであわせて20％、カントリーが15％、それでジャズは2％でクラシックとほとんど変わらないんですよ。だから同じ黒人音楽といっても、そもそもヒップホップとジャズでは置かれている状況が全然違いますよね。

長谷川　グラスパーがマーケティング的に狙ってるのは、90年代東海岸ヒップホップのリスナーなんだと思います。

大和田　それだと世代的にはどんどん上がってきていませんか？

長谷川　上がってきているけれども、たぶんいわゆるヒップホップの戦ってる感じにちょっと疲れた大人に、次に聴くべき音楽を提示しようとしてるんだと思いますね。

柳樂　僕がこういうことをいっていいのかわからないけど、ロバート・グラスパーは本当にきっかけにすぎなくて、たぶんクリス・デイヴの感覚ももう古いかもしれないんですよ。**ボビー・マクファーリン**の息子の**テイラー・マクファーリン**がフライング・ロータスのレーベル、ブレインフィーダーからデビューしたんです。あそこって超エリート一家で、ボビー・マクファーリンのお父さんのロバート・マクファーリンは、メトロポリタン・オペラ・カンパニーで黒人として初めて主役を務めた伝説的な歌手なんですよ。

大和田 へえ。

柳樂 そういう一家のサラブレッドなんですよ。

長谷川 ヴォーカル?

柳樂 ヒューマン・ビート・ボックスっていうヴォイス・パーカッション的なものと、あとは打ち込み全般。ある程度はいろんな楽器もできます。**マーカス・ギルモア**というドラマーと一緒に作った『Early Riser』っていうデビュー・アルバムのビートを聴くと、『ブラック・レディオ』よりも進んだかなと。

大和田 どういう方向にリズムが変化してるんですか?

柳樂 たぶんグラスパーのバンドのドラムがクリス・デイヴからマーク・コレンバーグになった変化というのがすごく意図的なもので、基本的には削ぎ落してい

★ボビー・マクファーリン:50年生まれのジャズ・ヴォーカリスト。楽器のように声を操作するスタイルが特徴。〈Don't Worry, Be Happy〉(88年)は、翌年のグラミー賞で「ソング・オブ・ザ・イヤー」他3冠。

★テイラー・マクファーリン:DJ、プロデューサー、キーボード奏者。

★マーカス・ギルモア:86年生まれのジャズ・ドラマー。ヴィジェイ・アイヤー、マーク・ターナーなどと共演。

く方向で、ミニマルになって、もうちょっと上物っぽくなるんじゃないかなと思ってます。マーカスもそんな感じですね。ちなみにマーカス・ギルモアって**ロイ・ヘインズ**の孫なんですよ。

長谷川 なんか歌舞伎っぽいですね（笑）。

大和田 だんだん世襲制になってきてる。

柳樂 コルトレーンの甥のフライング・ロータスのレーベルから、ボビー・マクファーリンの息子とロイ・ヘインズの甥が出てくるという（笑）。

M-Base人脈から育った若手たち

大和田 これは誰ですか？

柳樂 **ヴィジェイ・アイヤー**というピアニストですね。ドラムはマーカス・ギルモアです。曲はひとつ前のアルバム『Accelerando』（2012）の〈MmmHmm〉ですね。フライング・ロータスのカバーもやってるんですよ。

大和田 ヴィジェイ・アイヤーって例のすごい賞を受賞した人ですよね？

長谷川 マッカーサー基金ですか？

★ロイ・ヘインズ：25年生まれのジャズ・ドラマー。スウィング、ビバップからフリーまであらゆるジャンルをこなすジャズの生き証人。

★ヴィジェイ・アイヤー：71年インド系タミル移民の子としてニューヨークに生まれる。現在、ハーヴァード大学音楽学部の教授も務める。

大和田 そう、マッカーサー基金。通称ジーニアス・アワード（天才賞）といって、毎年、さまざまな分野の若手20人から40人くらいに与えられる賞があるんです。賞金が62万ドル、だいたい6500万円くらいでしょうか（笑）。

柳樂 **カート・ローゼンウィンケル**が、「何であいつなんだ」って言って炎上したっていう、ちょっと香ばしい話があるんですけど（笑）。

大和田 そうなんだ。

柳樂 Facebookでレスが200くらいついて（笑）。

長谷川 いいね（笑）。

大和田 シェアさせてください（笑）。

柳樂 そういう事件もあったり、アメリカはやっぱりそういうのがいろいろあるので（笑）。キース・ジャレットの新譜を、**マシュー・シップ**という黒人のピアニストがディスって話題になったり（笑）。あんなものは中年の白人の評論家が喜んでるだけだ、みたいなことをマシュー・シップが書いてました。ああやっぱり人種のこういうのってあるんだ、という。

長谷川 アイヤーは完全に西海岸のアンダーグラウンド・ヒップホップとほぼ同じ感じで聴けますね。

★カート・ローゼンウィンケル：70年生まれ。この世代を代表するジャズ・ギタリスト。ニューヨークのジャズクラブ、スモールズでマーク・ターナーなどと共演を重ねる。フィラデルフィア出身でベーシストのクリスチャン・マクブライド、ザ・ルーツのクエストラヴと同じアートスクールに同時期に通った。

★マシュー・シップ：60年生まれのジャズ・ピアニスト。アヴァンギャルドなスタイルを特徴とする。

柳樂　そうそう。マーカス・ギルモアは86年生まれでまだ20代、クリス・デイヴって68年生まれで40過ぎなので。

大和田　けっこういい歳なんですね。マーク・コレンバーグはまだ30代半ばくらい？

柳樂　グラスパーの少し下ですね。クリスとはたぶん10歳くらい違うんですよ。だからもっとタイトでミニマル。

長谷川　個人的な勝手な願望でいうと、その世代だったら俺はサウスしか聴いてないっていうジャズ・ドラマーが出てきてもおもしろいんですけどね（笑）。

大和田　それはアフロ・キューバン・ジャズのアップデート版のようになるのかな？　だとしたら聴きたいです。

長谷川　ルンバ・ビートで。でもヒューストン出身がこれだけ多いんだから、もっとサウスの色が入ったらいいかなって勝手に思っちゃうんですけど。

大和田　そう、ブルックリンとかいってないで。

柳樂　でも結局ラテン的なポリリズムとかが、それこそM-Baseとかに組み込まれてしまってる。しかも、すごく洗練された形で組み込まれてしまったので。

大和田　だから、ポピュラリティはなかなか得られなかったと。まあでもこれ、「今のヒップホップはどうしようもない」というグラスパーの発言だったり、彼がモス・デフとばかり共演するという、先ほどからいっている話と全部つながりますが、町蔵さんも僕も『文化系』を書いたことで自分たちの内なるヤンキー性に気づいてしまったわけです。なので、グラスパーまわりに漂う仄かな「オシャレ感」に脊髄反射的に反発しているわけで（笑）、ギャングスタ・ラップとかダーティー・サウスの流れでいうと、たとえばレゲトン的な何かみたいになってくれるといいなと（笑）。

柳樂　その流れにピッタリの音源がありますよ。ヴィジェイ・アイヤー・トリオの〈Galang〉なんですけど、２００９年の『Historicity』っていうアルバムからです。

長谷川　あ、いちおう、それ系ですね。

柳樂　これは**M.I.A.**のカバーなんですよ。さっきと同じピアノ・トリオです。ちなみにヴィジェイ・アイヤーもマーカス・ギルモアも、M-Baseの出身なんです。スティーヴ・コールマン・スクール。

長谷川　M-Baseの人が指導した若手がちゃんと結果を出していることが、『JTNC』で初めてわかりました。

柳樂　実はM-Base人脈はアメリカのシーンでずっと活躍していて、いい作品は

★M.I.A：75年にロンドンのスリランカ・タミルの家族に生まれる。ラッパー、シンガー、アクティヴィスト。ディプロがプロデュースした〈Paper Planes〉がヒット。

出てたんだけど、たまたま日本に伝わってこなかっただけなんですね。スティーヴ・コールマンは個人でワークショップみたいなものをずっとやっているんです。ほかにも金融系とかがお金を出した豪華なものもあるらしいんですが、アメリカにはそういうものがあって、そこで学んでシーンに出てきてるケースも多いんですよ。M-Base のほかには、**アンソニー・ブラクストン**一派というのもいて、そこもいい若手を輩出しています。いまはわりと育ての親が明確にわかるケースも多いんですよね。

大和田　なるほど。

ヴァーヴイズムとアメリカーナのブルーノート

長谷川　ちょっと話がずれるんですけど、いまヴァーヴのトップが**デヴィッド・フォスター**で、ブルーノートのトップが**ドン・ウォズ**、というのがすごくおもしろい。これはいまのジャズの置かれた現象というものを表してるって、僕は思ってるんですよ。つまり、ジャズというものを単体で聴く人がすごく減ってるなかで、ジャズをポップ・ミュージック全体のなかでどう位置づけるかという、思想闘争が

★アンソニー・ブラクストン：45年生まれのジャズ・ミュージシャン（サックス、クラリネット、ピアノなど）。出身地シカゴのAACM、チック・コリアとの前衛グループ、サークルなどの活動を経てソロへ。94年にマッカーサー賞受賞。

★デヴィッド・フォスター：49年カナダ生まれ。MOR、AORを代表する音楽プロデューサー、作曲家。70年代にジェイ・グレイドンとともにAORユニット、エアプレイを結成。80年代以降、シカゴ、セリーヌ・ディオン、ホイットニー・ヒューストン、バーブラ・ストライサンドなどのプロデュースにかかわる。

★ドン・ウォズ：52年生まれのミュージシャン、音楽プロデューサー。79年にポップ・ファンク・バンド、ウォズ（ノット・ウォズ）を結成。

ユニバーサル・ミュージック・グループのなかでおこなわれている（笑）。ヴァーヴというのは、フォスターの前の会長が**トミー・リピューマ**だったことでもわかるとおり、洗練された大人のためのBGM、AORとしてジャズを捉えている。そうじゃないミュージシャンもけっこういることはこれを読んでわかったんですけど。

柳樂 けどそれは、ほんとうに当たってますよね。

長谷川 ヴァーヴって、クリード・テイラーがいた頃からそれをずっとやっていて、いまもやっているんですよね。スムース・ジャズを、ある種フォローしつつ、という感じなんです。**ダイアナ・クラール**とか。

柳樂 ユニバーサルだと、いまヴァーヴ、エマーシーがその路線ですね。**グレゴリー・ポーター**が、当初はエマーシーからリリースする予定で、ユニバーサル・フランスと契約したんですよ。最終的にブルーノートに、たぶん社内の事情で移されたんですね。エマーシーではそれ相応の、おそらく白人の有名プロデューサーをつけるという話だったんですけど、それが結果的にはインディーズ時代からのプロデューサーが引き続きやって、ああいう黒いものが出たんです。この話は、エマーシーとブルーノートの立ち位置をすごくわかりやすく示してますよね。ちなみに今のヴァーヴといえば**ニコラ・コンテ**とかですもんね。ニコラ・コンテ

ボニー・レイットのアルバムなどの功績を讃えられ、95年にグラミー賞最優秀プロデューサー賞受賞。

★トミー・リピューマ：36年生まれ。音楽プロデューサー。17年没。A&M、ブルーサム、エレクトラ、GRP、ヴァーヴなどを渡り歩き、クローディーヌ・ロンジェ、ジョージ・ベンソン、マイケル・フランクス、ナタリー・コールなどをプロデュース。70年代後半にはホライゾン・レーベルでYMOにもかかわる。

★ダイアナ・クラール：64年カナダ生まれのジャズ・ピアニストで、低音域を得意とし、90年代以降最も成功したジャズ・ヴォーカリストのひとり。

★グレゴリー・ポーター：71年生まれのジャズ・シンガー。14年に『Liquid Spirit』がグラミー賞最優秀ジャズ・ヴォーカル・アルバム賞受賞。

は何やっても全部ジャズ・サンバですから、これもヴァーヴのイメージそのまま。

長谷川 そういう意味では『ゲッツ／ジルベルト』を出したヴァーヴイズムの継承者といえる（笑）。

柳樂 そう、本当にヴァーヴイズムですよね。

長谷川 もういっぽう、ブルーノートは、ドン・ウォズが来る前からそうだったんだけど、アメリカーナの文脈のなかでジャズを捉えようとしている。アメリカーナだから**アル・グリーン**もノラ・ジョーンズもいるんですよ。ノラ・ジョーンズは音楽的にはほとんどカントリーですからね。で、ウィントン・マルサリスも移籍してきた。彼と**ウィリー・ネルソン**とノラ・ジョーンズの共演盤『Here We Go Again: Celebrating The Genius Of Ray Charles』（2011）。あれがね、僕はある種、じつはいまのブルーノートを象徴する一枚だと思っています。そこで〈Hit The Road Jack〉っていうレイ・チャールズの曲をやってるんですよね。ウィントンは前にもウィリー・ネルソンや**エリック・クラプトン**と共演盤を出してますけど、それはブルースのカバー集だった（『Play The Blue: Live From Jazz At Lincoln Center』）。でも今度はR＆Bですからね。しかも本人も歌ってるという（笑）。

柳樂 雑誌の『クロスビート』で以前ブルーノート特集をやったんですけど、そ

★ニコラ・コンテ：イタリア人ジャズ・ギタリスト／DJ。ヨーロッパ・クラブジャズ・シーンのキーパーソン。

★アル・グリーン：46年生まれ。メンフィスのハイ・レーベルを代表するサザン・ソウル・シンガー。〈Let's Say Together〉（72年）はオバマ前大統領が12年のパーティで一節を歌ったことで有名。

★ウィリー・ネルソン：33年生まれのカントリー・ミュージシャン。70年代にナッシュヴィル・サウンドに反発、アウトロー・カントリーと呼ばれる。フォークやロック・ミュージシャンとの交流も多い。ラッパーのスヌープ・ドッグとは草（マリファナ）友。

のときのディスク・ガイドにそれを選んで、レビューを人に頼んだら、すごいそっけないレビューを書かれたんですよ。別に新しくもなんともない、みたいなことを言われて（笑）。

長谷川　すごいマニフェスト・アルバムですよ、ブルーノートの。うちはこれで行くんだという。

柳樂　そうそう、象徴的な盤ですよ、あれは。

長谷川　これがジャズなんだと。ということで、その2つのせめぎ合いで、グラスパーはブルーノートの看板を務めるいっぽうで洗練された大人のための音楽を指向しているようにも思える。やっぱり2つのベクトルがあって、揺れ動いてるな、という感じがすごくします。

大和田　たしかにそうですよね。

長谷川　そうなるとやっぱりジャズ・ファンも、ほかと溶け合いつつある状況というのは、ほかの音楽も聴かないとたぶんシーン全部はつかめないし、逆にいうと、ヒップホップの側もこれだけミュージシャンたちにジャズを入れられると、やっぱりいまのジャズは聴いたほうが絶対にいいな、というのは思いましたね。この思想闘争については今後もウォッチしていきたいと思ってるんですけどね（笑）。

★エリック・クラプトン：45年イギリス生まれ。ロック史上もっとも影響力の大きいブルース／ロック・ギタリスト、シンガー。「スローハンド」という異名を取った。

アメリカーナとしてのジャズ

柳樂 そうそう、『JTNC』の中で、どうしても自分が書いてるところに入らなかったんですよ、**ビル・フリゼール**が。というかあの辺の、ポストモダンっぽい人たち全般が入らなかったんですよね。**ジョン・ゾーン**とか（笑）。

長谷川 ノンサッチって、**デヴィッド・バーン**もいてニュー・ウェイヴっぽいですよね（笑）。僕は嫌いじゃないですけど、ぜんぜん。

柳樂 でもノンサッチも明確にアメリカーナを狙っている気がする。ブラッド・メルドーがいるのってそういうことですもんね。

長谷川 パット・メセニーと**ライ・クーダー**もいる。

柳樂 でも黒人がいないんですよね。

長谷川 たしかに白いですね。

柳樂 それと**ミシェル・ンデゲオチェロ**の再評価というのがひとつ、『JTNC』の裏テーマで。

大和田 それはそうですね。いろいろ出てきましたね。

柳樂 ンデゲオチェロがやってるものはすごいわかりやすいんですよ。もともと

★ビル・フリゼール：51年生まれのギタリスト。ECMでキャリアを始め、80年代以降、ニューヨークのダウンタウン・ミュージックシーンでジョン・ゾーンと共演。88年にシアトルに転居、アイヴズやコープランドなどアメリカの作曲家の作品に取り組み、アメリカーナ路線に。

★ジョン・ゾーン：53年生まれのマルチ楽器奏者。70年代ニューヨークのダウンタウン・ミュージックシーンの中心的人物。90年代には前衛音楽のレーベル、Tzadikを設立。ユダヤ音楽に傾倒したユニット、マサダなどその活動は多岐にわたる。歌謡曲のレコード・コレクター。

★デヴィッド・バーン：52年スコットランド生まれ。幼少期にアメリカに移住。70年代に活躍したニューウェイヴ・バンド、トーキング・ヘッズ

M-Baseにいて、最初に出てきたときは**ジョシュア・レッドマン**とかを引き連れてやっていて、徐々に本当のジャズになった。そこから**カサンドラ・ウィルソン**の亜流みたいな、ちょっとフォーキーなブルースみたいなのになって、その後**ニーナ・シモン**の曲をやって……と思ったら**ニック・ドレイク**の曲を歌ってたり。『JTNC』の流れをいちばん体現してる人ではあるんだけど、どうも時代とうまくはまらない才女ですよね。

長谷川　一時期**ジョン・メレンキャンプ**のアルバムでも弾いていて驚きましたけどね。でもそう考えると、そのアメリカーナへの道を模索していたのかもしれないですね。

柳樂　彼女がやっていることを追うと、すごく見えてくるものがあるような気がしますね。

大和田　アメリカーナとしてのジャズは、バップ以前のジャズに回帰する意味合いも含みますが、それって黒人音楽とカントリーの政治性が稀薄になったからこそ可能な視点だと思うんです。だからその意味では、90年代のオルタナ・カントリー以降ですよね。

長谷川　まあ、民主党側のアメリカにかぎった話ですけどね（笑）。

のリーダー。ソロではブライアン・イーノなどと共演。現在に至るまで刺激的な作品をリリースし続けている。
★ライ・クーダー：47年生まれ。スライド・ギターを得意とし、アメリカを初めとして世界中のルー・ツミュージックを広めた功績は大きい。
★ミシェル・ンデゲオチェロ：68年生まれのシンガー／ベーシスト。ソウル、ジャズ、ファンクなどジャンルを横断したスタイルで知られる。
★ジョシュア・レッドマン：69年生まれのジャズ・サックス奏者。91年にセロニアス・モンク・ジャズ・コンペティションで優勝。
★カサンドラ・ウィルソン：55年生まれのジャズ・シンガー。ブルースやカントリー、フォークを意識したヴォーカルで知られ、97年に『New Moon Daughter』でグラミー

大和田 そうそう。

長谷川 共和党側にはスタイルがはっきりしたポップ・カントリーがありますからね。

大和田 強固なナッシュヴィル・サウンド。

柳樂 グレゴリー・ポーターとかも、いかにも俺は黒人だっていう感じで曲もつくってるし、そういう詞も書いてるんだけど、バンドには白人もいるし日本人もいるという（笑）。で、インタビューで誰が人種のことを聞いても、そこはあまりはっきりしゃべりたがらないっていう（笑）。それもね、今のジャズメンに共通することかもしれない。

大和田 ほんとうにびっくりしたのが、去年メンフィスに出張に行ったときにスタックス博物館でビデオを観たんですが、その冒頭の**スタックス**のミュージシャンへのインタビューで、彼らは自分たちがいかにカントリー・ミュージックをずっと聴いていたかという話を始めるんですよ。

一同 へえ。

大和田 これは20年前はありえなかったんですよ。「おれたちはカントリー・ミュージックをずっと聴いて育ってきた」というような話をソウル・シンガーが延々とインタビューで答えるという。だからかつて**中村とうよう**が憎悪したカン

賞最優秀ジャズ・ヴォーカル・パフォーマンス賞受賞。

★ニーナ・シモン：33年生まれ、公民権運動期のシンガー／アクティヴィスト。ジャズ、フォーク、ブルースなどジャンルを横断しつつ政治性と音楽性を両立させた稀有なシンガー。03年没。

★ニック・ドレイク：48年生まれ。イギリスのシンガー・ソングライター。アコースティック・ギターで内省的な曲を歌う。鬱病に悩まされ、74年、26歳の時に薬物のオーバードーズで死去。死後、再評価される。

★ジョン・メレンキャンプ：51年生まれのシンガー・ソングライター。ロックンロール色の強いスタイルから徐々にカントリー、フォークへと傾倒。名前もジョン・クーガー→ジョン・クーガー・メレンキャンプ→ジョン・メレンキ

トリー・ミュージックのイメージはだいぶ緩和されているし、全体として音楽のハイブリディティを強調する方向にいっているとはいえると思いますね。

長谷川 **ソロモン・バーク**っていたじゃないですか。60年代にはマニアからオーティス・レディング以上のR&Bシンガーと言われていた人ですけど、晩年にカントリーのカバー集を出して、「ようやくおれがほんとうにやりたかったことができた」っていってたんですよね。すごい切ない話で。いまだったらソロモン・バークはアメリカーナ路線で大活躍して、それこそブルーノートからお迎えがきたはずなんだけど。

大和田 **バディ・ミラー**をプロデューサーに迎えた『ナッシュヴィル』ですよね。その前に**ジョー・ヘンリー**がプロデュースした『ドント・ギヴ・アップ・オン・ミー』が話題になりましたが、たしかにソロモン・バークは象徴的な存在ですね。

柳樂 そうですね。

バップ以前に戻りつつあるジャズ

大和田 僕はもともと「歴史の書き換え」のようなことにすごく興味があるんです

ャンプと改名。

★スタックス：57年創設。オーティス・レディング、サム&デイヴなどサザン・ソウルを代表するアーティストを輩出したメンフィスのレコード・レーベル。

★中村とうよう：32年生まれの音楽評論家。69年に『ニューミュージックマガジン』を創刊。フォーク、ロック、黒人音楽からワールドミュージックまで、評論家／編集者として提示した価値観の影響力は大きい。11年没。

★ソロモン・バーク：40年生まれのソウル／ゴスペル歌手。R&Bからソウル・ミュージックの基礎を築いたシンガー。アトランティック・レコードのジェリー・ウェクラーは「最も偉大な男性ソウル・シンガー」と評した。10年没。

★バディ・ミラー：52年生まれ。ナッシュヴィルを拠点と

けど、『JTNC』によって、ゲーム性の高いモダン・ジャズを、むしろジャズ史における特殊な時期とみることも可能なのかなと考えました。つまり、ロックとかフォークとかカントリーって、ジャンルの定義がもっとアバウトなんですよ。ところが、（モダン）ジャズやヒップホップって、そのゲーム性に注目するかぎりジャンルの輪郭はかなりはっきりしているようにみえる。でも、ほかのジャンルってもう少し適当じゃないですか。これってなんとなくカントリー？　みたいな（笑）。その意味では、ジャズも再び曖昧さを獲得したというか、ある種正常な状態に……。

長谷川　ジャズが戻りつつある？

大和田　うん。インプロヴィゼーション・ゲームとしてのジャズは、やっぱりある程度飽和してしまったと思うんです。それで今、即興のスキルをもった人がいろいろな場所でいろいろな音楽をやっているという状況だとすれば、それはむしろ30年代以前のジャズ・シーンとの親和性が高い。柳樂さんが最初に言ってましたけど、フォークとの結びつきはすごく重要で、30年代にジャズの歴史化が進んだときに、ジャズをフォーク・ミュージックとして定義しようとした人たちと、モダンな音楽として歴史を構築しようとした人たちとのあいだで争いがあっ

するシンガー・ソングライター、音楽プロデューサー。『Nashville』でソロモン・バークはエミルー・ハリスやギリアン・ウェルチなどとデュエットしている。

★ジョー・ヘンリー：60年生まれのシンガー・ソングライター、プロデューサー。オルタナ・カントリーのミュージシャンとして活動を始めたが、『Scar』（01年）ではマーク・リボー、ブライアン・ブレイド、ブラッド・メルドー、ミシェル・ンデゲオチェロ、オーネット・コールマンが参加する「アメリカーナ」路線に。

た。ジャズにはフォーキーな側面が20世紀初頭からずっとあって、逆にいうとモダン・ジャズはジャズのそうした要素を削ぎ落とすことで成立したサブジャンルなんですよ。だからモダン・ジャズしか見ていないとわかりにくいんだけど、フォークとのつながりという点では先祖返りともいえると思うんです。先ほどからゴスペルや教会が重要という話が出てくるのもその文脈でとらえられるし、もっというと篤志家《とくしか》がお金を出してプレイヤーは世襲制で、というのはモダンなジャズに対してポストモダンがプレモダンに回帰したという、ほかのさまざまな領域で目立っている変化がジャズでも起きていると考えられるかもしれません。こういうふうに「ポストモダン」という言葉を使うと音楽ファンはいちばん怒るんですけど(笑)。

柳樂　たとえば**ジェイソン・モラン**というピアニストに顕著なんですけど、最近よくみられる傾向でビバップ以前に戻るという現象があります。ジェイソン・モランは一見モンクや**アンドリュー・ヒル**っぽいんですけど、いちばん近いスタイルを考えるとストライド・ピアノにまで戻ってる感じなんです。そういうケースがけっこういろんなところであるんですよ。だから、先祖返りしてるというのはたしかだと思います。

★ジェイソン・モラン：75年生まれのジャズ・ピアニスト。アヴァンギャルドな演奏もこなしつつ、ストライド・ピアノなど戦前のスタイルにも取り組む。
★アンドリュー・ヒル：31年生まれ。アヴァンギャルドなスタイルを持ち味とするジャズ・ピアニスト。07年没。

大和田　たしか中山康樹さんが書いていたと思うんだけど、これからのジャズが「着てる服じゃなくて、同じ言葉をしゃべる人を探すようになる」という言い方はすごくしっくりきました。「即興」を服＝スタイルではなくスキルや言語のように捉えたときに、いわゆるインプロヴィゼーションのゲームとは別にさまざまな音楽がありうるということを網羅した本だなって思ったんですよね。

柳樂　ちなみに『JTNC』には、明確なターゲットがあるんですけど、それは**油井正一**さんなんですよ。

大和田　油井正一さん？　亡くなっているのに？　それこそ『ジャズの歴史物語』がアルテスから出てますけど、いってみれば日本におけるジャズ史の正統ですよね。

長谷川　ジャズはラテンの一変種であるといった人ですよね。

柳樂　そうです。日本のジャズ評論においてはその本と油井さんの存在がすごくでかくて。たとえば、『スイングジャーナル』のバックナンバーを見てると、油井さんが出る前と出たあとではぜんぜん違います。

長谷川　油井史観ができてると。

大和田　へえ、そうなんだ。

柳樂　セールス的なこともたぶんあるんですけど、油井正一までは白いジャズも

★油井正一：18年生まれのジャズ評論家。東京芸術大学などで初めてジャズの講義を担当する。98年没。『ジャズの歴史物語』は18年に角川ソフィア文庫にも入った。

黒いジャズも両方出てて、むしろ白が多い印象すらあるんです。だから**寺島靖国**さんが白人中心のウェストコーストのジャズが好きなのはすごくわかる。彼は油井正一以前を読んでた世代なんですよね。

大和田　**野口久光**さんとかもそうでしょうね。

柳樂　まだビバップ以前のジャズが本物だ、という感じでけっこうページも割かれてて、すごくバラエティに富んでるんですよ。**デイヴ・ブルーベック**もよく出てくるし、**ジェリー・マリガン**とかもすごい出てくる。

大和田　じゃあその流れでいうと、後藤雅洋さんは油井さん直系として捉えるわけですね。

柳樂　後藤さんはまあそうでしょうね。ジャズを明確に黒人音楽だっていうふうに打ち出して、それが定着していく過程というのは『スイングジャーナル』を見てるとやっぱりあって。

大和田　うん、それはアメリカでもあるんですよ。**リロイ・ジョーンズ**などがそうですけど、ジャズを黒人音楽として定義し直したのは50年代後半、下手したら60年代以降といってもいいかもしれません。

柳樂　後藤さんとかは定着したあとの世代という感じはすごくありますね。だか

★寺島靖国：38年生まれのジャズ評論家。吉祥寺でジャズ喫茶「メグ」を長年営業した。『聞かずに死ねるか！ JAZZこの一曲』など著書多数。

★野口久光：09年生まれの映画、ジャズ評論家。グラフィック・デザイナーとして多くの映画ポスターも手がける。瀬川昌久編『野口久光ベストジャズ』など。

★デイヴ・ブルーベック：20年生まれ。クール・ジャズを代表するジャズ・ピアニスト、作曲家。長年のパートナー、ポール・デズモンドがデイヴのカルテットのために作曲した〈Take Five〉はジャズ史上最も有名な曲のひとつ。

★ジェリー・マリガン：27年生まれのバリトン・サックス奏者、アレンジャー。クロード・ソーンヒル楽団の編曲などを担当。50年代にチェット・ベイカーとピアノレス・

ら意味は違うんだけど、僕がＬＡジャズとかを大々的に取り上げてるのもそういうことで。ＮＹ＝東だけじゃないんだっていう（笑）。

大和田　さっきも言いましたけど、僕がジャズを聴き始めたのって後藤さんの『ジャズ・オブ・パラダイス』がきっかけだったんです。そこに後藤さんと寺島さんの論争について書かれてあったんですが、今日のこの話の文脈に置くと非常にわかりやすい（笑）。後藤さんはやはりバップ的な即興ゲームをジャズの本質としてみなしているのに対して、寺島さんはもう少し雑多なジャズ観をもたれている。

柳樂　そういう意味でも、僕としては『JTNC』は油井正一をターゲットに編んでるんですよ。だから僕がフォークのところを書いたわけです。

大和田　結局、今「ジャズ」といったときに僕らが当たり前のように想像するサウンドって40年代からせいぜい60〜70年代くらいまでの限定的なスタイルにすぎないわけです。そしてそれは、モダン・ジャズという音楽のスタイルだけではなくジャズの歴史記述自体に影響を及ぼしている。たとえば、現在、僕たちがニューオリンズ・ジャズやディクシーランド・ジャズとして聴いている音楽も、「即興ゲーム」がジャズの中心的な特質として見出された40年代以降にさかのぼって見

カルテットを組む。96年没。
★リロイ・ジョーンズ（アミリ・バラカ）：34年生まれの詩人、作家、批評家。『ブルース・ピープル』（1963）などの一連の著作は、この時代の黒人作家による最もパワフルな作品と見なされている。14年没。

出されたもので、実際のニューオリンズにはそれよりはるかに多様な音楽シーンがあったと言われています。それと同じように、この本で取り上げられている「ジャズ」も、即興というひとつのスキルを共有しながらも、はっきりとした輪郭にとらわれることなくさまざまな領域に拡散している。

柳樂　まあそうですね。

大和田　それを柳樂さんがあえて「ジャズ」といい切っているところは戦略なんでしょうけど、シーンのあり方としてはバップ以前の、即興性とでもいうべき何かによってゆるやかに結びついたシーンと近くなっているような気がしました。40年代から70年代のバップと呼ばれるスタイルの特殊性が、この本によって際立ったということでもあるんですけど。

柳樂　結論っぽい感じになりましたね（笑）。

長谷川　おかげで**キング・オリヴァー**から順番に暗闇で腕組みしながら聴かないといけなくなりました（笑）。

［2014年4月、下北沢・アルテスパブリッシングにて］

★キング・オリヴァー…1885年生まれのコルネット奏者。ディクシーランド・ジャズのオリジネーターのひとり。ルイ・アームストロングの師。38年没。

Stetsasonic
ステッツァソニック

In Full Gear
1988
Tommy Boy

81年にブルックリンで結成された6人組ステッツァソニックは、初めて自覚的にジャズネタをサンプリングしたヒップホップ・グループ。本作はジャズ・ヒップホップのアンセム〈Talkin' All That Jazz〉を含むセカンド。ラッパーのダディー・Oはフリースタイル・フェローシップのデビュー作に客演し、DJのプリンス・ポールはデ・ラ・ソウルのプロデューサーとしてサンプリング音楽の領域を広げていった。**H**

A Tribe Called Quest
ア・トライブ・コールド・クエスト

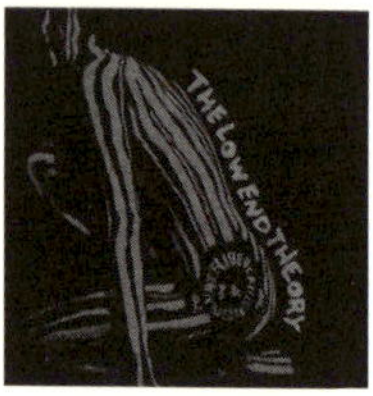

The Low End Theory
1991
Jive

いかにもネイティヴ・タンらしいカラフルなサンプリングを行なっていたデビュー作から一転、ネタを敢えてジャズ〜フュージョンに絞り込むことによって、彼らがシーンにおいて特別なグループと認識されるようになったセカンド作。その引き算の美学は、本国だけでなく世界中のミュージシャンに衝撃を与えた。〈Scenario〉は客演していたバスタ・ライムズが注目されるきっかけをもたらした。**H**

Various Artists
ヴァリアス・アーティスツ

The Rebirth Of Cool
1991
4th & Broadway

〈ジャズ・ネタを用いたヒップホップ〜R&Bアクト〉をお題として、ギャングスターやステッツァソニック、ATCQと、ガリアーノやヤング・ディサイプルズら英国アシッド・ジャズ勢の楽曲を並列に収めたコンピ盤。選曲はジャイルズ・ピーターソンとともにクラブ・ジャズの概念を生み出したことで知られるロンドンのDJパトリック・フォージによるもので、世界中(特に東京)のDJに影響を与えた。**H**

Various Artists
ヴァリアス・アーティスツ

Blue Break Beats
1992
Blue Note

英国アシッド・ジャズ・レーベルのオーナー、エディ・ピラーとディーン・ラドランドが選曲した60〜70年代ブルーノート音源のコンピ盤。通常のジャズ史では見過ごされてきたルー・ドナルドソンやグラント・グリーンのナンバーを「サンプリングに使えそう」という理由だけでチョイス。またフュージョン期ドナルド・バードのプロデューサーだったマイゼル兄弟が再評価される起爆剤ともなった。**H**

Miles Davis
マイルス・デイヴィス

Doo - Bop
1992
Warner Bros.

ジャズ界の帝王の遺作は当時コールドチリン周辺で働いていた（GZAのデビュー作も手掛けた）イージー・モービーが作ったトラック上でトランペットを吹いたもの（プレイ自体はこの時期にしては元気）。半数の曲は本人の遺した演奏に後からオケを被せたものだが違和感はない。トラックと生演奏のこうした乖離は、この後もヒップホップに挑戦するジャズ・ミュージシャンの課題となっていく。 **H**

Freestyle Fellowship
フリースタイル・フェロウシップ

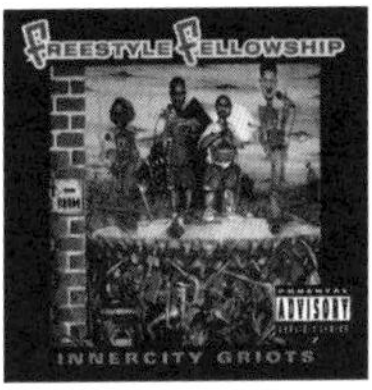

Innercity Griots
1993
4th & Broadway

ジュラシック5やファーサイドを輩出したロサンゼルスのヒップホップ梁山泊グッドライフ・カフェ（実はただの健康食料品店）で結成された4人組のメジャー・デビュー作。ジャズのヴォーカリーズとラップの話法が絶妙にミックスされた〈Inner City Boundaries〉をはじめ、ジャズからの伝統に自覚的な音楽性は、シーン以上に外部に影響を与えた。〈Park Bench People〉は後にホセ・ジェームズがカバー。 **H**

Greg Osby
グレッグ・オズビー

3-D Lifestyles
1993
Blue Note

M-Base派のサックス奏者がATCQのアリやボム・スクワッドのエリック・サドラーにトラックを発注してヒップホップに挑戦した意欲作。この時33歳と若かったオズビーではあるが、作品としての出来が『Doo-Bop』とあまり変わらないのが残念。続く『Black Book』では同路線ながら、ヒップホップへの理解がぐっと進んでいたものの、96年の『Art Forum』以降は王道ジャズ路線に回帰している。 **H**

Guru
グールー

Jazzmatazz Volume: 1
1993
Chrysalis

ギャングスターのラッパー、グールーが〈Jazz Thing〉の成功を受けて製作したジャズ・ミュージシャンとのセッション盤。ドナルド・バード、ロニー・リストン・スミス、ロイ・エアーズといった人選は明らかにロンドンのクラブ・ジャズにおける人気を反映したもので、その証拠にロニー・ジョーダンやDCリーといったロンドン組も多く参加している。そのため本国以上に欧州でヒットした。 **H**

Buckshot LeFonque
バックショット・ルフォンク

Buckshot LeFonque
1994
Columbia

〈Jazz Thing〉に関わったブランフォード・マルサリスが、ジャズとヒップホップの本格的な融合を狙って結成したユニットのファースト作。ギャングスターのDJプレミアが半数の曲に関わっているため、いわゆるヒップホップ度は同種のものと比べても高い。ただし生演奏中心の他の楽曲との落差は大きく、この問題はサイドマンとして参加したロイ・ハーグローブが宿題として持っていくことになる。 **H**

Mos Def
モス・デフ

Black On Both Sides
1999
Rawkus

俳優としても活躍するブラックスターの片割れが発表した初ソロ作。製作陣にはDJプレミアやATCQの面々、ダイヤモンドDなど当時のニューヨークの意識高い系が集結し、ゴールデン・エイジを象徴するエレガントな仕上がりだ。ミルト・ジャクソンとロイ・エアーズのヴァイブが乱れ打ちされる故郷賛歌〈Brooklyn〉の美しさときたらどうだ。〈Climb〉にはウェルドン・アーヴィンが参加。 **H**

The Roots
ザ・ルーツ

The Roots Come Alive
1999
MCA

ラッパーのブラック・ソートとドラマーのクエストラヴを中心にフィラデルフィアで結成されたヒップホップ・バンド。本作はディアンジェロ『ヴードゥー』、エリカ・バドゥ『ママズ・ガン』、コモン『ライク・ウォーター・フォー・チョコレート』と同時期に同じスタジオでレコーディングされ、オルタナティヴ・ヒップホップとネオ・ソウルを繋ぐソウルクエリアンズの存在を世に知らしめた。 **O**

D'Angelo
ディアンジェロ

Voodoo
2000
Virgin

ネオ・ソウルの金字塔であり、次世代のミュージシャンへの影響力という点において決定的な一枚。①に特徴的に見られる「よれたビート」は、デトロイトのプロデューサーでソウルクエリアンズのメンバーでもあったJディラにインスパイアされたディアンジェロとクエストラヴが試行錯誤の上に完成させたもの。セールス的にも成功し、ビルボードのアルバム・チャートの1位を獲得した。 **O**

Jay Dee aka J Dilla
ジェイ・ディー（Jディラ）

Welcome 2 Detroit
2001
BBE

地元デトロイトの友人とヒップホップ・グループ、スラム・ヴィレッジを結成したJディラは、90年代半ばにQティップとアリ・シャヒード・ムハマドとともにプロダクション・チーム、ジ・ウマーに参加、ATCQの作品だけでなくジャネット・ジャクソンやバスタ・ライムズのリミックスも手がける。本作はそのJディラが地元のラッパーをフィーチャーしたデビュー・ソロ・アルバム。

The RH Factor
ザ・RHファクター

Hard Groove
2003
Verve

ジャズ・トランペット奏者ロイ・ハーグローヴは98年に自身がリーダーを務めるラテン・ジャズ・バンドでグラミー賞を受賞。その後、ディアンジェロやエリカ・バドゥ、コモンなどソウルクエリアンズ界隈のアルバムに参加したのをきっかけに、自らジャズ、ファンク、ヒップホップなどの融合を志向するRHファクターを結成した。このデビュー作にはコーネル・デュプリーなどの大御所も参加。

Robert Glasper
ロバート・グラスパー

In My Element
2007
Blue Note

ヒューストン出身のジャズ・ピアニスト。12年にロバート・グラスパー・エクスペリメント名義でリリースされ、ネオ・ソウル系のミュージシャンをフィーチャーした『ブラック・レディオ』が注目を浴び、第55回グラミー賞最優秀R&Bアルバム賞を受賞した。3枚目のアルバムとなる本作にはJディラにオマージュを捧げた⑧が収録されるなど、のちのクロスオーバーへの萌芽が見られる。

Q-Tip
Qティップ

The Renaissance
2008
Universal Motown

言わずと知れたア・トライブ・コールド・クエストのメンバーであり、80年代から現在に至るまで第一線で活動し続けるヒップホップ界を代表するラッパー／プロデューサー。本作はロバート・グラスパーやカート・ローゼンウィンケルなどジャズ・ミュージシャンを起用した上で、ヒップホップのフィーリングの構築を試みた作品だという。両ジャンルのコラボレーションを象徴する一枚。

Jose James
ホセ・ジェームズ

The Dreamers

2008
Brownswood Recordings

コンテンポラリー・ジャズのシーンに数多くのタレントを輩出し続けるニューヨークのニュースクール出身、ヒップホップ世代を代表するジャズ・シンガーのひとり。エグゼキュティヴ・プロデューサーにジャイルズ・ピーターソンを迎えたデビュー・アルバムにはジュニア・マンスなどの大御所がフィーチャーされる一方、リズムなど明らかにヒップホップ的な感性で制作された楽曲も目立つ。 **O**

Flying Lotus
フライング・ロータス

Cosmogramma

2010
Warp Records

ロサンゼルスを拠点とし、エクスペリメンタル・ヒップホップなどのジャンルで活動を続けるプロデューサー／DJ。3枚目のアルバムとなる本作は、従来のエレクトロニックなサウンドに加えてハープやサックスなど生楽器を取り入れているのが特徴。母親が入院する病室の人工呼吸器の音まで貪欲にサンプリングしながら壮大でアフロ・フューチャリスティックなスペース・オペラを完成させた。 **O**

Esperanza Spalding
エスペランサ・スポルディング

Radio Music Society

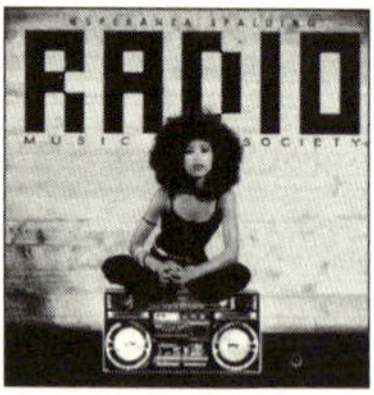

2012
Heads Up International

現代ジャズ・シーンを代表するベーシスト兼シンガー。幼少期から音楽の才能を発揮し、11年のグラミー賞でジャスティン・ビーバーなどを抑えてジャズ・ミュージシャンとして初めて新人賞を受賞。本作は、より広範囲のリスナーに届けるためにラジオでのエアプレイを意識した構成。マイケル・ジャクソン〈アイ・キャント・ヘルプ・イット〉（S・ワンダー作曲）のカバーなどを収録。 **O**

Derrick Hodge
デリク・ホッジ

Live Today

2013
Blue Note

ロバート・グラスパーとの共演で知られるベーシスト兼コンポーザー、初のリーダー・アルバム。アーロン・パークスやクリス・デイヴなど当代随一の名手を揃えながら、ソロ回し中心ではなく、サンプリングなども含む作曲・編曲に比重が置かれる。ほぼすべての曲をデリック自身が作曲し、ここで即興演奏はアレンジの一要素として捉えられている。現代ジャズ・シーンの動向を表す傑作。 **O**

Eric Legnini & The Afro Jazz Beat
エリック・レニーニ&ジ・アフロ・ジャズ・ビート

Sing Twice !

2013
Discograph

ベルギー出身のジャズ・ピアニスト。90年代にはトゥーツ・シールマンズのツアー・メンバーとしても活躍し、R&Bやヒップホップ、クラブ・カルチャーにも造詣が深い。本作はアフロ・ジャズ・ビート名義でリリースされた2枚目。日米で活躍し、Shing02やJazztronikとの共演歴もあるエミ・マイヤーやマリ出身のママニ・ケイタをフィーチャー。〈ウィ・ラヴ・シブヤ〉と題された⑨も。

BADBADNOTGOOD
バッドバッドノットグッド

III

2014
Innovative Leisure Records

トロント出身のインストルメンタル・バンド。もともとヒップホップの楽曲をジャズ・マナーでカバーしたことで知られるが、ゴーストフェイス・キラやタイラー・ザ・クリエイターと共演、さらにケンドリック・ラマー『DAMN』収録の〈Lust〉にプロデューサーとして参加するなど、交流はさらに活発化している。本作④がスモークパープやXXXテンタシオンの楽曲にサンプリングされた。

Kris Bowers
クリス・バワーズ

Heroes + Misfits

2014
Concord Jazz

11年にセロニアス・モンク国際ピアノ・コンペティションで優勝した作曲家、ピアニスト。映画やテレビの劇伴も数多く手がけるジャズの新鋭だが、本書の内容に照らして重要なのは、クリスがジェイZとカニエ・ウェストの『ウォッチ・ザ・スローン』に参加していることだろう。Qティップとの共演を通じてアルバムに貢献したようだが、本作もジャンルレスなアプローチが際立っている。

Vijay Iyer Trio
ヴィジェイ・アイヤー・トリオ

Historicity

2009
ACT

13年にマッカーサー「天才」賞を受賞したジャズ・ピアニスト。リーダー・アルバムとして14作目にあたる本作は、スティーヴィー・ワンダー〈ビッグ・ブラザー〉やM.I.A.〈ガラング〉などのカバーを含む。前者がジョージ・オーウェル『1984』を参照し、後者がタミル系スリランカ出身のアクティヴィストの曲であることを思えば、超絶技巧の陰に響く作品の政治性は明らかだろう。

第6部

2014年のヒップホップ

Hip-Hop in 2014

ヒップホップ版〈幸せなら手をたたこう〉

大和田　まずはファレルの話をしましょうか。
長谷川　はい。
大和田　これだけ洋楽が入ってこなくなった日本でも、さすがにこの曲はみなさんも聴いたことがあるでしょう。ずっと街中でかかってたし。ファレル・ウィリアムスの〈Happy〉。
大和田　まあ、ワン・コーラスくらいでいいでしょう。
長谷川　みなさん、さんざん聴いてるでしょうから。
大和田　これ、僕は2013年の曲という印象があるんですけど。
長谷川　発表されたのは13年の夏ですからね。もともと『怪盗グルーのミニオン危機一発』というアニメーション映画の主題歌だったんです。そのときはそんなに評判にならなかったんですけど、14年に入ってからアカデミー賞で楽曲賞の候補になって、ファレルがいろんなところでパフォーマンスしたんですよね。それで人気に火がついた。じっさいに売れまくったのは14年に入ってからですね。
大和田　13年のファレルはロビン・シックの〈Blurred Lines〉をプロデュースした

りダフト・パンクの〈Get Lucky〉でフィーチャリングされたりと、とにかく目立っていて、その流れでこの曲ができた感じでした。24時間のPVが話題になりましたが、世界中の人がこの曲に合わせて踊った映像をYouTubeにアップして、それを**オプラ・ウィンフリー**の番組で見せられたファレルが涙ぐんだりと、なにかと場外の話題も多い曲でしたよね。

長谷川 テン年代の傾向で、白人のポップ・アーティストが、R&Bやヒップホップをちょっとソフトに聴きやすくしたかたちで売れてるという状況があると思うんです。ヒップホップを作っていた黒人のファレルもこうした状況に自分から入っていって、ポップでソフトな曲で大ヒットさせている。それがアメリカの音楽史でいうと、50年代終わりから60年代頭の感じと被っているんじゃないかという気がしますね。

大和田 黒人音楽がそのままだと白人社会にうけないので、少し薄めてみたということか。

長谷川 そうそう。この曲も**サム・クック**の〈ワンダフル・ワールド〉とか、そういう感じじゃないですか。歌詞は〈幸せなら手をたたこう〉みたいですけど。

大和田 〈幸せなら手をたたこう〉ですか。なんだか曲のイメージが変わりそうで

★オプラ・ウィンフリー：トーク番組『オプラ・ウィンフリー・ショー』(86〜11年)によって、アメリカで最も社会的影響力を持つ人物となった54年ミシシッピ生まれの黒人女性司会者。本の紹介コーナー「Oprah's Book Club」の宣伝効果は「王様のブランチ」のそれを遥かに上回る。

★サム・クック：31年ミシシッピ生まれ。ブルースにゴスペルの唱法を持ち込んだことによってレイ・チャールズとともにR&Bの祖と呼ばれる。不可解な死を遂げた64年に発表したメッセージ・ソング〈A Change Is Gonna Come〉は、ナズやキャムロンにサンプリングされている。

す。それにしてもほんとうに売れましたよね。

長谷川　そうですね、僕はこのビデオに出てくるタイラー・ザ・クリエイターがたまらなく好きで。こんな楽しそうな顔をしてる人が地球にいたのかっていう顔をしている（笑）。

大和田　このビデオには他にも**マジック・ジョンソン**や**セルジオ・メンデス**、それに**ジェイミー・フォックス**などいろいろとセレブがカメオ出演してるんですよね。まあでも曲自体はとくにヒップホップとはいえないんですけども。

長谷川　ヒップホップをバックグラウンドに持ったポップスという感じですね。

プロデューサー、DJマスタードがブレイク——YG、ティナーシェ

大和田　今日のために2014年のシーンをあらためて振り返ってみたんですが、10月頃にエイサップ・モブの創設者のひとりである**エイサップ・ヤムズ**が、14年はヒップホップ史上最悪の年だって言ってるんですね。エイサップ・モブはご存知のとおり、ハーレムを拠点とする比較的若手のクルーで、エイサップ・ロッ

★マジック・ジョンソン：59年ミシガン生まれの元NBAのスター・プレイヤー。現在は古巣ロサンゼルス・レイカーズの球団社長を務めながら、各種ビジネスを成功させる実業家となっている。

★セルジオ・メンデス：41年ブラジル生まれ。当初は「ブラジルのホレス・シルヴァー」の異名を持つジャズ・ピアニストだったが、ボサノヴァ人気に乗っかったポップ・チューンを連発して世界的な人気を博した。06年にはウィル・アイ・アム製作でアルバムをリリースしている。

★ジェイミー・フォックス：67年テキサス生まれ。当初は黒人コメディアンとして活躍していたが、俳優転向とともにジュリアード音楽院でピアノを学んだ経歴を活かして音楽にも進出。レイ・チャールズを演じた伝記映画『Ray/

キーというファッション・アイコン的なラッパーがそこから出てきたりとかなり注目度は高い。そこの親玉みたいな人が、今年はあまり盛り上がらなかったといってるんですが、町蔵さんもそのような印象ですか？

長谷川　そうですね、やっぱり表立っては地味だったと思うんですよね。ここ数年は毎年、シーンを動かすようなアルバムがなにかしら出たんですけども……。

大和田　あとはシーンを揺るがすようなビーフがあったり。

長谷川　そういう意味では14年は静かな1年だったとは思います。ただ、質的に低かったかというと、そんなことはなくて、たんに大物が出さなかっただけ、という気がしないでもない。

大和田　たしかに。おもしろい曲はけっこうあったと思うんですよね。ここ何年かは90年代以来の第二次黄金期だという人もいるほど盛り上がっていたので、それに比べると話題が少なかったということではないでしょうか。これからいろいろと聴いていきたいと思いますが、どれからいきましょうか？

長谷川　やっぱりYGでしょう。

大和田　ですよね。個人的にも今年いちばん好きな曲です。

長谷川　ここ3年くらい『ミュージック・マガジン』誌の洋楽ヒップホップ年間ベ

レイ』（04年）ではアカデミー主演男優賞を受賞した。カニエ・ウェスト05年のシングル〈Gold Digger〉ではそのレイの〈I Got A Woman〉を引用したフックを歌ってヒットに貢献した。

★エイサップ・ヤムズ：88年ニューヨーク市ハーレム生まれ。06年に地元の友人たちとヒップホップ・クルー、エイサップ・モブを結成。録音費用の調達やメジャー・レーベルとの契約交渉といったビジネス面は彼が取り仕切っていたとされる。15年にオーバードーズで急死。

★YG：ヤング・ジージーのCTE Worldからメジャー・デビューした90年コンプトン生まれのラッパー。YGはYoung Gangsterの略称で、本人はブラッズ構成員。このため対抗組織クリップスの頭文字「C」を毛嫌いしており、

スト・テンの選者をやらさせていただいているんですけど……

大和田　町蔵さん、ついに権威になりましたね（笑）。

長谷川　で、1位がこのYGになりました。

大和田　おお、なりましたか！

長谷川　選者が3人いたけど満場一致でしたね。

大和田　すばらしい！

長谷川　そのYGの〈My Nigga〉を聴いてもらいましょう。

大和田　ラッパーがYGで、プロデューサーが**DJマスタード**。PVも最高ですよね。

長谷川　この曲がすごいと思うのが、最初のほうはバスドラが鳴っていない。

大和田　スカスカなんですよね、音が。しかも低音が不協和音っぽい。

長谷川　途中からようやくバスドラが入ってくる。この人はコンプトン出身ですね。

大和田　コンプトンなんですが、昨年も町蔵さんと話したように最近はあまり地域に束縛されないですよね。クルーというか、所属はアトランタの**ヤング・ジージー**のCTEワールドです。しかもDJマスタードという、この曲のプロデューサーが今年はブレイクしましたよね。このトラックもすさまじくクールでほとん

アルバムにも『My Krazy Life』や『Still Brazy』といったタイトルを付けている。

★DJマスタード：YGやタイ・ダラー・サイン、キッド・インクとの仕事で知られる90年ロサンゼルス生まれのトラックメイカー兼ラッパー。西海岸伝統のGファンク・サウンドを、サウス全盛のシーンに合わせてアップデートしたことによって、ウェッサイ復興の一翼を担った。

★ヤング・ジージー：77年生まれ、アトランタ育ち。ミックステープ活動を経てパフ・ダディが仕掛けたモンキーズ的なグループ、Boyz N Da Hood の一員としてデビュー。その後ソロに転じてアトランタの黒社会を克明に描き出すリリックによってトップ・クラスの人気ラッパーとなった。

ど抽象的といってもいい。

長谷川　僕とは別のライターさんがYGを推すときに「クラブでウェイウェイいってる人はみんなマスタードっしょっと、いってましたよ」って。だからフロアの支持を無視するわけにはいかないと（笑）。

大和田　DJマスタードはもともとYGの専属トラックメイカーだったんですよね。

長谷川　そうですね。でもほかのラッパーからも依頼が来て最近はT.I.みたいな大物にもトラックを提供してますね。かなり売れまくってます。

大和田　R&Bで今年話題になった**ティナーシェ**の〈2 On〉も彼のプロデュースだし。ただ、はじめてDJマスタードを見たときびっくりしました。だってこの人ですよ。

長谷川　（笑）。

大和田　なんといったらいいか、おにぎりみたいな顔してるんですよ（笑）。見た目はぜんぜんかっこよくないというか、むしろアンパンマンに似てるのにこれだけクールでかっこいいトラックを作るのかと本当に驚きました。

長谷川　まあ、トラックメイカーはオタクの人も多いので。

大和田　でもオタクにも見えないですよね。

★ティナーシェ：93年生まれ。ミックステープ活動を経てメジャー・デビュー。そのアルバムにはマイク・ウィル・メイド・イットやメトロ・ブーミンがトラック提供という、まるでサウスのラッパーのような活動歴を持ちながら、本人はアイドル・シンガーという稀有な存在。

長谷川　（笑）。

大和田　このルックスでこのビートですからね。これがうわさのギャップ萌えかと。

長谷川　シーンでその新人がどれだけ評価されるかというのは、デビュー・アルバムのゲストでわかっちゃうところがあるんですよね。というのは、今のラッパーって、デビューの前にネットで無料で聴けるミックステープを2、3本は発表してて、それでメジャー・レーベルから「ちょっと来ねえか？」ってスカウトされるパターンが多いから、デビュー前に世間の評価がある程度定まっちゃうんですよ。大物ラッパーも有望新人と絡むと美味しいから、そういう人にはゲストで来てくれる。YGもいきなりゲストがすごかったですからね。リル・ウェインとかドレイクとかニッキー・ミナージュですからね。簡単にいうと、新人のお笑いの人が冠番組をどこかでもったら、いきなりさんまと有吉とベッキーがゲストできちゃったみたいな感じですよね。これ、さっきの〈Nigga〉のゲストを加えたリミックス版なんですけど、リル・ウェインとかニッキー・ミナージュとかメンツがめちゃくちゃ豪華で。

大和田　今の話はつまり、さんまがリル・ウェインでベッキーがニッキーということでしょうか（笑）。町蔵さん、全部日本のお笑いの比喩でヒップホップを語りますよね。

長谷川　わかりやすいかなと思って（笑）。

ギャングスタ・ノリをトッピング――スクールボーイQ

長谷川　次は似たような感じで、**スクールボーイQ**を。彼もコンプトン出身ですね。

大和田　そうですね。この人はケンドリック・ラマーと同じトップ・ドーグ・エンタテインメント＝TDE所属です。

長谷川　クルー名はブラック・ヒッピー。この〈Collard Greens〉にはケンドリック・ラマーが客演してますね。

大和田　今年の前半はずっとこれが流れてましたね。この曲はわりとポップに聴こえますけど、アルバム『Oxymoron』の他の曲はけっこう暗いですよね。

長谷川　ハードな感じで。

大和田　それが評価された。

長谷川　ケンドリック・ラマーというのは、わりと内省的な部分を全面に出して成功した人なんですけど、スクールボーイQは仲間ではあっても、それに加えて、

★スクールボーイQ：86年ロサンゼルス生まれ。09年にケンドリック・ラマー、ジェイ・ロック、アブ・ソウルとブラック・ヒッピーを結成。ソロとしてもインタースコープと契約して、ケンドリックよりギャングスタ・ラップ色が強いキャラクターとリリックで独自の人気を獲得した。

昔からの西のギャングスタ・ノリをさらにトッピングしたかたちで音楽をやっている。そういう面ではＹＧも同じなのかなと。やっぱりコンプトンというのはそういう土地柄で、逆にいうと、ケンドリック・ラマーがいかに特殊な人かっていうのがわかりました。

大和田 ケンドリック・ラマーは不良だらけの教室でひとりで本を読んでるタイプですよね。

長谷川 スクールボーイQが昔、ドラッグにはまっちゃったことがあって、ほかのブラック・ヒッピーの仲間には告白できたけど、ケンドリックには怖くていえなかったという。ケンドリックは非行を嫌うマジメな人なんで（笑）。

大和田 優等生だ。

長谷川 そうそう、ケンドリックに言ったら絶対怒られるからイヤだったらしいです。

大和田 なるほど。いまギャングスタ・ラップというキーワードが出てきましたけど、この流れで今年話題になった曲をひとつかけたいと思います。**フレディー・ギブス**と**マッドリブ**のコラボレーションで〈Thuggin'〉、一部で21世紀のギャングスタ・ラップとも言われました。ＰＶを観てもらうとわかるんですが、西海岸

★フレディー・ギブス：82年インディアナ生まれの実力派ラッパー。芸風としてはギャングスタ・ラップだが、マッドリブとの共演盤ではアンダーグラウンド・ラップ信奉者からもスキルを絶賛された

★マッドリブ：ヒップホップのオルタナティヴ音楽としての側面を拡張し続ける73年オークランド生まれのトラックメイカー。好きな場所は京都の嵐山。

のギャングスタ・ラップとは明らかに雰囲気が変わってる。内容は完全にギャング・ネタなんだけど、もっと内省的というか、ギャングであることをボーストしたりしないんですよね。

長谷川　いきなり〈スカーフェイス〉オマージュ。懐かしのサンプリング・サウンドですよね。

大和田　サンプリングでループ感があって、トラックは昔のアンダーグラウンドの雰囲気が残ってる。ただギャングスタの表象がアップデートされた感じがしたんですよね。ちょっと暗くて幻想的というか。

長谷川　フレディー・ギブスって、けっこうベテランじゃないですか。昔はこういう東海岸的なサウンドをやる人って、ギャングスタ・ラップをむしろ嫌っていた人が多いんですけど、ちょっと彼らも歳をとってきて、世代間の連帯が強まってるのかなって（笑）。

大和田　そう、そこがおもしろいと思ったんですよね。やんちゃで向こう見ずなチンピラ時代を経て、高倉健的な憂いを獲得したギャングスタ・ラップ（笑）。

長谷川　今年ひじょうに話題になったタームで、〝ネオ・ブーン・バップ〟という90年代のハードコア・ヒップホップをもう一回取り戻そうみたいな動きが、中年ラッパーを中心に興《おこ》ったじゃないですか。そのなかでは昔のコンシャスな東海岸的なリリックだけでなくて、西海岸のNWA的なリリックも許容されている。リリックの内容よりも同世代の連帯感のほうが優先されてるのかなって気がしたんですよね。

大和田　おっさんたち、みんな出しましたもんね。**ウータン・クラン**も出したし、エミネムもレーベル・コンピを出しました。

長谷川　エミネムが音頭を取ってビッグ・ショーンやダニー・ブラウンが参加した〈Detroit Vs. Everybody〉なんて熱かったですね。

黒人射殺事件へのアンサー

長谷川　次は**ラン・ザ・ジュエルズ**の〈Blockbuster Night, Part 1〉をかけますか。〝ネオ・ブーン・バップ〟がどういう音楽かというのがわかると思うので。

大和田　このアルバム（『Run The Jewels 2』）はメディアの評価がものすごく高かったですね。

長谷川　ラン・ザ・ジュエルズは二人とも90年代からやってますから、ベテランで

★ウータン・クラン：ニューヨークのスタッテン・アイランドを拠点とするラップ・グループ。正式メンバーは9人だが、舎弟を入れると300人を超えると言われており、アメリカのお笑い番組では「スタッテンの黒人は全員ウータン（本来スタッテンは、イタリア系やアイルランド系の白人ばかり住んでいるエリアで黒人はほとんど住んでいない）」とギャグになったことがある。

★ラン・ザ・ジュエルズ：元カンパニー・フロウのエル・P（75年ブルックリン生まれの白人）とアウトキャスト一派のキラー・マイク（75年アトランタ生まれの黒人）が13年に結成。90年代に回帰した漢らしい音とリリックで、主に高年齢リスナーから絶賛を浴び、商業的にも成功を収めた。

すよね。

大和田 メンバーのエル・Pは元カンパニー・フロウだし、キラー・マイクはアウトキャストの曲でフィーチャーされたのが最初なのでかなりのキャリアです。彼らの13年のアルバムも評価が高かったですよね。

長谷川 高かったですね。それが評価されたので、この曲が入ったセカンドはナズが作ったレーベルから出ました。こういうのが、ちょっとポップ化した流行の反動で支持を集めてる、というところはあります。

大和田 ビースティ・ボーイズや**パブリック・エネミー**の21世紀版的な？

長谷川 そういう部分もなくはないですね。ギターを元レイジ・アゲインスト・ザ・マシーンのトム・モレロが弾いていたりしますからね。こういった流れもあるんですが、次はどれいきます？

大和田 たぶんこれはみなさんもいろんなかたちで触れていると思うんですが、今年のヒップホップはたしかに地味だったかもしれないけど、黒人コミュニティ的には黒人青年が白人警官に殺される事件が相次いだ年でした。

長谷川 ミズーリ州ファーガソンのマイケル・ブラウン。あと、ニューヨークのスタテン島のエリック・ガーナーは絞め殺されたんですよね。

★パブリック・エネミー：ロング・アイランドのアデルフィ大学のカレッジ・ラジオのスタッフが中心となって結成。過剰なトラックと政治的なリリックによって80年代末にシーンの台風の目となった。リーダーのチャックDは近年、最良のフォロワーと呼べるロック・バンド、レイジ・アゲインスト・ザ・マシーンのメンバーらと結成したプロフェッツ・オブ・レイジとしても活動中。

大和田　しかも殺した白人警官が無罪というか、不起訴になるんですよね。2年前にフロリダ州で起きたトレイヴォン・マーティンのケースもそうでしたが、ファーガソンの事件はかなり話題になりました。いろいろわからないことも多いんですが、セントルイス郊外で黒人が比較的多いファーガソンの街を白人警官がパトロールしていて、マイケル・ブラウンと友人が二人で歩いてたと。道の真ん中を歩いてたので「歩道に行け」と注意した。結局そのあと何が起きたのかわからないんですが、白人警官はマイケル・ブラウンを射殺した。しかも12発も撃ってるんですよ。その前にマイケル・ブラウンが店で万引きしているところが映像に残っているとかいろいろあるんですが、彼は武器は所持していなかった。ところがこの警官も、やはり不起訴になるんですよ。

長谷川　そうですね。陪審員は白人が多かったんですっけ?

大和田　9対3で、人口比率を反映してたらしいんです。ニューヨークのエリック・ガーナーの事件は、違法タバコを売っているところを警官に注意されたので少し文句を言ったら、突然その白人警官に羽交い締めにされて1時間後になくなったというものです。一連の経過はビデオに撮られていたにもかかわらず、これも不起訴になったんですよね。

長谷川 スタテン島だから白人ばっかり。

大和田 スタテン島ってぜんぜん黒人がいないところなんですよね。

長谷川 『サタデイ・ナイト・ライヴ』で「ウータン・クランしか黒人がいない場所でマトモな裁判ができるわけがない」ってギャグになってましたよ（笑）。

大和田 黒人は全員ウータン・クランに入ってるっていう（笑）。それでファーガソンの事件を発端に全米でデモが起きて、もちろんデモ自体には多くの白人も参加してる。

長谷川 そうそう、白人もアジア系もいっぱい参加してます。

ドキュメンタリーとしてのヒップホップ

大和田 ニューヨークでデモ隊が高速道路を占拠した映像がかなり話題になりました。その流れで、ヒップホップ界からも声を上げる人たちが出てきて、なかでも**ザ・ゲーム**の曲がいちばんメジャー感があったかな。〈Don't Shoot〉というタイトルで、リック・ロス、2チェインズ、ファボラス、ワーレイ、**DJキャレッド**と超豪華なゲスト陣。

★ザ・ゲーム：79年コンプトン生まれ。同郷の先輩ドクター・ドレーのアフターマスからメジャー・デビューして以来、西海岸を代表するギャングスタ・ラッパーとして活躍を続けている。

★DJキャレッド：75年ニューオリンズ生まれ。パレスチナ系移民の二世で本名キャレッド・モハメッド・キャレッド。マイアミに移ってルークのラジオ・ショーでDJを務めたことがきっかけで人気者に。やがてニューオリンズとマイアミのシーンを束ねる役割を担うようになり大物と化し、スター・ラッパーを招いたリーダー・アルバムをリリースするようになった。

長谷川　そうですね。それだけ危機意識をもってるわけですね、スターたちも。

大和田　『文化系』のなかで町蔵さんが、ヒップホップはある種のドキュメンタリーの側面があるといってたと思うんですが、こういう事件があると、反射的に誰がいちばん最初にコメントするかみたいな、そういう流れができますよね。誰がその事件に対していちばん的確にラップできるかというように。しかも、最近はネットが中心になったのでそのシーンも一気に見やすくなった。

長谷川　これは少しヒップホップの特殊なところなんですけど、ロック・ミュージシャンがこういうのを発表しようとしても、レコード会社があいだに入ってなかなか発表できないという状況があると思うんです。でもラッパーはそういうのを無視して、タダで発表しちゃうというのが伝統的にありますね。レコード会社もそれを容認しているところがありますし。

大和田　レコード会社が抑えてもミックステープで出したりしますからね。

長谷川　そうそう。だからこのほうが、名前を知られる機会になるんだとか、ラッパーにいいくるめられてるところがあると思うんですけど。契約に関してグレーゾーンが大きいところが、こういうところでは有利に働くっていう。

大和田　13年の〈Control〉騒動もそうでしたけども、それが実際の事件であれ誰かのトラックであれ、何かが引き金となってみんながシーンにコミットしていく。その意味で今年は現実の事件の影響が非常に大きかったかもしれません。
長谷川　共和党がいま両院とも勝ってるというところもあるので、民主党びいきが多い黒人社会的には、ある種の危機意識をもって、あと2年間くらいはこんな感じでやっていくのかなって感じはしますけどね。

ズールー・ネイションの現在

長谷川　そういえば**ズールー・ネイション**っていう、ヒップホップの親睦団体があるんですけど。
大和田　親睦団体というか、あれは何といったらいいんでしょうか？
長谷川　ほぼ唯一の公的団体ですよね。ヒップホップの創始者のひとり、アフリカ・バンバータがリーダーとして率いてる団体なんです。そこに先日、リル・ウェインと**ビッグ・ボーイ**と、あとなぜか**ジミー・ファロン**が入会したんですよ。
大和田　ジミー・ファロンってみなさんご存知ですか？
長谷川　簡単にいうと、アメリカの夜の11時台って、どのチャンネルにも昔の

★ズールー・ネイション：ヒップホップの始祖のひとり、アフリカ・バンバータが設立したヒップホップ関係者の友好団体。イベントのほか、ビーフの仲裁なども行なう。16年に男子児童への性的虐待容疑が持ち上がったバンバータがリーダーの座を解任されたニュースはシーンに衝撃を与えた。

★ビッグ・ボーイ：75年アトランタ生まれ。アウトキャストの相方アンドレ3000のセンスがあまりにぶっ飛びすぎているせいで、「まともな方」と思われがちな彼だが、ジャネル・モネイを発掘したりリトル・ドラゴンと共演したりと、音楽的にはかなり文化系な人である。

★ジミー・ファロン：『サタデイ・ナイト・ライヴ』で人気者になった74年ニューヨーク生まれの白人コメディアン。

『笑っていいとも』みたいな月~金の帯番組があるんですよ。それの司会をやってる人なので、タモリみたいな人がヒップホップ団体に入ったことになる。

大和田　コメディアンでありながら音楽ネタに強いところもタモリに似ていますが、イメージとしてはもう少し若いというか、ナイナイの矢部みたいな感じです(笑)。それでリル・ウェインがズールー・ネイションというのも、はあ? と首をかしげますが、ジミー・ファロンとなるといったい何がしたいんでしょうか?

ちなみにズールー・ネイションって日本支部もありますよね。

長谷川　あります。日本人で入ってるラッパーもいますよね。

大和田　あれってやっぱり入るのは難しいんでしょうか? 面接とかあって、お前はズールー・ネイションにふさわしくないとか言われるんでしょうか。

長谷川　どうなんでしょうね。やっぱり本部からきて見るんじゃないですか、人となりを。推薦がないとたぶん入れないですよ。

大和田　二人の会員の推薦がないと入会できない、みたいな。

長谷川　リル・ウェインは**ア・トライブ・コールド・クエスト**のQティップが推薦したっぽいんですよね。

大和田　Qティップはすでに偉くなったんでしょうか?

09年からNBCのナイト・ショーの司会を務めている。ザ・ルーツはそれ以来の仲間。02年のシングル〈Idiot Boy-friend〉はレオ・セイヤー〈恋の魔法使い〉のパロディ曲で、ベースは今をときめくマーク・ロンソンが弾いていたりと、鋭い音楽センスを持つ。

★ア・トライブ・コールド・クエスト:ジャジーなサウンドで90年代人気を集めたクイーンズ出身のグループ。98年に解散したが、06年からライヴを再開。メンバーのファイフの死を機に16年に新譜をリリースした。

長谷川 80年代終わりから活動やってますから、幹部なのかもしれませんね。

大和田 スポークスマンみたいな感じですよね。

長谷川 そう、バンバータじゃなくて、Qティップが前に出て話している。いつの間にそんな偉くなったんだと。

大和田 いずれはバンバータを継ぐかもしれない。

長谷川 ジミー・ファロンは、自分の番組のバック・バンドがザ・ルーツなんですよね。あの硬派なルーツに月～金で仕事を与えている。

大和田 ということは、あれですか、これは選挙でいうところの功労人事的な。

長谷川 ちょっとあるかもしれない（笑）。ただルーツとめっちゃ仲いいんで、クエストラヴから推薦もらったような気がします。

大和田 ジミー・ファロンは、**モス・デフ**とかルーツのメンバーとか、いわゆるコンシャスな人たちと仲がいい。

長谷川 ズールー・ネイションはベテランがちょっと多くなっちゃってるので、いまのアメリカで発言力や力をもってる人を仲間に引き入れて、いまの黒人が置かれた状況を少しでも良くしていきたいという意志をもってるんじゃないのかなと。

★モス・デフ：73年ブルックリン生まれ。コンシャス・ラッパーおよび俳優として活躍するも、11年にヤシーン・ベイに改名して以降はよりコンシャス化して、活動が見えにくくなっている。

リル・ウェインのキャッシュマネー離脱

大和田 レーベル絡みのニュースで驚いたのはリル・ウェインのキャッシュマネー離れでしょうか。

長谷川 そうですね、あの人まだ32歳なんですけど、11歳のときにキャッシュマネーに入っているから20年以上在籍していることになるんですよ。なのにキャッシュマネーをやめたいって言いだして、大騒動ですよ。

大和田 リル・ウェインをご存知ない方に、あらためて2010年のシングル〈6 foot 7 foot〉のミュージック・ビデオを見ていただきましょう。これ、映画『インセプション』のパクリですね（笑）。

長谷川 リル（little）というだけあって、かなり小柄なラップ妖怪ですけどね。

大和田 キャラ立ち具合が尋常じゃない。それこそ07年から08年にかけての露出度はすごかったですよね。あらゆる曲に客演してて。

長谷川 ドレイクとかニッキー・ミナージュも、この人が発掘してスターにした。こう見えて人を見る目も意外とある（笑）。

大和田　こういう業界なので人を見る目って大事ですよね。そういうところも日本のお笑いと一緒です。

長谷川　一匹狼でどんなにやってても、ダメなんですよね。才能を見つける能力がないと、業界で生き残れない。

大和田　リル・ウェインがキャッシュマネーを抜けるって大ニュースですよね。あまり金払いがよくなかったんでしょうか。

長谷川　いや、本人も重役だからそんなことはないと思うんですよ。問題は大きな組織になりすぎたことじゃないですかね。昔だったらリル・ウェインが何月にアルバムを出したいって言えば、その月にリリース出来たのが出来なくなっちゃってるんですよね。キャッシュマネーって、あの**バスタ・ライムズ**が2年もアルバムを塩漬けにされたって理由でレーベルをやめちゃったりしてるんです。組織って大きくなるとそういうジャッジが遅れて小回りがきかなくなってくる。ニッキー・ミナージュが年末にアルバムを出すので、リル・ウェインも出すと共倒れになるみたいなことを考えちゃったのかもしれないですね。

★バスタ・ライムズ：クセが強い声質と空間を埋め尽くすフロウがトレードマークの72年ブルックリン生まれのラッパー。キワモノ扱いされている感があるが、間違いなく史上最高のラッパーのひとり。親交が深いトライブが16年に新譜を出した際は準メンバーとしてライヴに同行した。

「ずっとニッキー・ミナージュばかり聴いてた」

大和田　２０１４年はたしかに地味な年でしたが、結局1年をとおしてずっとニッキー・ミナージュばかり聴いてた気がするんですよ。

長谷川　今年は、ニッキー・ミナージュがシングル・ヒットを飛ばしている最中に、イギー・アゼリアがライバルとして飛び込んできたみたいな感じでしたね。女子イヤーだった感じがしないでもないです。

大和田　ニッキーの曲は〈Anaconda〉でいいですか？

長谷川　いいんですか、ここでかけちゃって？

大和田　いいんじゃないでしょうか（笑）。

長谷川　セクハラで訴えられても知らないですよ（笑）。

大和田　でもまあ、YouTube に上がってますし。

大和田　ニッキー・ミナージュは、やっぱり声がすばらしい。

長谷川　今年はアメリカの雑誌でお尻イヤーだったって言われてましたね、**ビヨンセ**もすごかったし。

大和田　お尻イヤーでしたね。女性がスクワットの格好をして激しくお尻を振るト

★ビヨンセ：ヒップホップ王朝の皇后陛下。

ワーク（twerk）が去年話題になりましたが、その流れもありますね。ただビデオを観てもらうとわかりますが、女性のお尻といっても男性の消費対象というよりかなり女性が主体的なイメージで、どちらかというと女性のほうが主導権を握っている感じ。

長谷川　まあ、そうなんですね。

大和田　よく言われることですが、ビヨンセに代表されるように強くてセクシュアルな女性というイメージが、少なくともエンタテインメント界の女性のモデルになりつつあります。一部のフェミニストからは当然批判があるわけですが、性的な快楽を肯定し男性をリードする一方で、たとえばビヨンセがワールド・ツアーの名称に（ジェイZと結婚したことを踏まえて）「ミセス・カーター」と大々的に掲げる感覚はすごいと思いました。「カーター夫人」といいながら三歩下がった感がまったくないという（笑）。

イギー・アゼリアとアジーリア・バンクス

長谷川　次は**イギー・アゼリア**にいきましょうか。ここ3、4年くらい、女性ラッ

★イギー・アゼリア：90年シドニー生まれ。本名アメシスト・アメリア・ケリー。ヒップホップを愛するあまり16歳の時に旅行ビザで渡米、そのままアトランタに住み着き、現地のシーンで修行（このためラップするときだけ南部訛りになる）。ミックステープを経てメジャー・デビューを果たした。

パーで売れている人ってニッキー・ミナージュしかいなかったんですけど、ようやくこの人が出てきました。

大和田 彼女はオーストラリア生まれの白人なんですよね。

長谷川 でも10代でアメリカに渡って、アトランタでラップ修行をした。そのせいでラップが少し南部訛りでおかしいんじゃねえか？　ってみんなから言われてるという（笑）。〈Fancy〉を聴いてください。

大和田 オーストラリア訛りではないですよね。去年白人ラッパーの**マックルモア**がグラミー賞をとったときに黒人コミュニティの反発があって、彼自身も「ほんとうはケンドリック・ラマーがとるべきだった」とコメントを出したりしましたが、今年も同じような構図でイギーをめぐって論争がありましたね。

長谷川 それでも彼女は、T.I.の弟子っていうことで、ちょっと許されているところがありますね。

大和田 師匠は大事。

長谷川 エミネムもドクター・ドレーの弟子じゃなかったら、あそこまでスターになれたのかっていうのはあります。

大和田 シーンの大物のお墨付きが必要というか。松本人志が面白いといえば、と

★マックルモア：83年シアトル生まれの白人ラッパー。12年にライアン・ルイスと組んで発表した古着屋賛歌〈Thrift Shop〉がリーマン・ショック後のアメリカで大受けして全米首位を記録した。

りあえずみんな黙るという。

長谷川 〈Fancy〉はトラックもかっこいいし、フックもキャッチーだし良かったんじゃないですかね。それとプロモビデオでイギーの着ている服が全部、『クルーレス』という90年代の映画のパロディなんですよ。そういうビジュアル面の演出も上手かった。

大和田 もう少し女性アーティストを続けましょうか。

長谷川 R&Bカテゴリーですけど、イギー・アゼリア客演ということで**アリアナ・グランデ**いきますか。曲は〈Problem〉。

アリアナは、ファーストはコンサバ路線だったけど、このセカンド・アルバムではぐっと今っぽくなりましたね。この曲のフックで囁きラップをしているビッグ・ショーンというラッパーは、いまアリアナと付きあってます。彼はその前は『glee／グリー』のサンタナ・ロペス役のナヤ・リヴェラと付きあっていたんですよ。だから女性遍歴だけで、何となくラッパーとしての格が上がっちゃってる。「なんかすげえな」みたいな感じで(笑)。

大和田 町蔵さん、あいかわらずゴシップに詳しいですね(笑)。これは大ヒットしました。あとこの曲を作った**マックス・マーティン**はスウェーデン人で、他に

★アリアナ・グランデ：93年フロリダ生まれ。ニコロオデオンの子ども向けシットコムで人気を獲得して歌手デビュー。少女時代にブロードウェイで鍛えた広い音域と表現力を持っているため、シンガーとしての評価は高い。これまでビッグ・ショーンやマック・ミラーと付き合っている。

★マックス・マーティン：71年スウェーデン生まれの作曲家で、バックストリート・ボーイズの一連のヒット曲で名を挙げて以来、世界歌謡曲界に君臨する大物。テイラー・スウィフトとケイティ・ペリーの両方の楽曲を手がけているため、両者のビーフに際してはマッチポンプ的に儲かった。

も**テイラー・スウィフト**の〈Shake It Off〉や**ジェシー・J**の〈Bang Bang〉をプロデュースしたり、かなり前から業界で活躍している人ではありますが、今年は特に目立ってましたよね。

長谷川　ちなみにアリアナは、お兄さんがゲイであることがわかって、それでカトリックをやめたんですよ。

大和田　アリアナ自身が？　いい話じゃないですか。

長谷川　次はイギーの対抗馬と目されている**アジーリア・バンクス**いきますか。〈Chasing Time〉です。

大和田　これもPVがかっこいいですよね。

長谷川　彼女はイギーと比べるともうちょっとサブカル寄りっていうか（笑）、ヒップスター的な人。

大和田　アルバムが出る出ると言われていながら、なかなか出なかった人ですよね。

長谷川　**ディプロ**のレーベルと契約していたんですけど、なかなかリリースしてくれなかった。結局、彼女はブチ切れて自分でiTunesで出しちゃった。でも、その『Broke With Expensive Taste』はビルボードR&Bチャート3位っていう大ヒットになったんです。たぶん儲けもひとり占め。今年の隠れた勝利者ですね。

★テイラー・スウィフト：89年ペンシルヴァニア生まれ。元カレに向けてのディス曲連発、ケイティ・ペリーやカニエ・ウェストとのビーフを展開、テイラー・スクワッドなるクルーを結成してパーティ三昧の日々といった音楽性以外の部分においてはヒップホップ的と言えなくもない人。

★ジェシー・J：88年英国生まれ。元ウェストエンドの子役スターで、名門校BRIT SCHOOLの同期にアデルとレオナ・ルイスがいたのは今や伝説である。その後ライターを経て歌手デビューした。

★アジーリア・バンクス：91年ハーレム生まれ。ラガーディア高校在学時はてっきり演劇畑に進むと思われていたがラッパーの道へ。才能と商業的成功がつながらないことに焦燥感を覚えているのか、近年はトランプ支持など逆張り

彼女ってじつは、ニッキー・ミナージュの高校の後輩なんですよ。
大和田 名門ラガーディア高校。
長谷川 ラガーディアは、演劇や歌を授業で教える芸術系高校なんですよ。ニッキーもアジーリア・バンクスもそこの出身で。ニッキーの高校時代の演劇の練習風景が流出して最近ネットで話題になりましたけど、普通に演技が上手いんですよ。アジーリアもダンスが上手いじゃないですか。
大和田 踊れますよね。
長谷川 10代の頃から正式なレッスンを受けてきているからなんですよね。歌も歌っていますけど、そっちも上手い。サウンドにハウスを取り入れているところもニューヨークっぽいですよね。ただしアジーリアの成功に演劇関係者はちょっとガッカリしているらしい。彼女はラガーディアの演劇公演で主役を張れるほどだったんで、演劇関係者はてっきりブロードウェイに来てくれるもんだと思っていたらしいんですよ。
大和田 しかも洗練されてるし。
長谷川 いかにもニューヨークっぽいですよね、簡単にいっちゃうと。
大和田 なんですけど、ネット上ではわりと狂犬ぶりを発揮してて。さきほどの話

発言を繰り返すようになり、困った人扱いされている。
★ディプロ：78年生まれのエレクトロ系プロデューサー。フィラデルフィア出身だが、欧州での評価が先行。近年はM.I.A.をはじめとする仕事はジャスティン・ビーバーなども手がけている。

でいうと、イギーに「白人のくせに！」って噛み付いたのは彼女なんですよね。アンダーグラウンドで評価が高い白人ラッパーの**アクション・ブロンソン**までディスったりして、ちょっと手がつけられない。それで思い出しましたけど、アジーリアとイギーのビーフがTwitterで盛り上がっているときに、いきなりQティップがまとめに入ってきたんですよ。あれも今思えば、ズールー・ネイションのスポークスマンとしての責任感だったのかもしれません（笑）。

チルウェイヴに救われた女と波に乗る男

大和田 という感じでいろんな意味で女性アーティストが目立った年でしたね。さっき言ったティナーシェもいますし。その中で町蔵さんが注目しているのは誰ですか？

長谷川 やっぱり**ジェネイ・アイコ**ですね。曲は〈The Pressure〉にしました。名前を聞くと何人だって感じなんですけど。

大和田 ですよね。で、結局どこの人なんですか？

長谷川 アフリカ系やカリブ系。基本的には黒人ですね。でも4分の1は日系なん

★アクション・ブロンソン：83年ニューヨーク生まれの白人ラッパー。90年代的なリリックとフロウでヘッズの支持を集める傍ら、元シェフの経歴を活かして各種媒体のグルメ企画にもよく登場している。

★ミラ・J、ジェネイ・アイコ：それぞれ82年と88年生まれの姉妹で、父はアフリカ系、母は日系とヒスパニックのミックス。少女時代に少年R&Bグループを得意とする〝黒いジャニー喜多川〟ことクリス・ストークスに見出されるが、本格デビューには繋がらず、テン年代のミックステープ・ブームによって再浮上した。

です。本名がジェネイ・アイコ・エフル・キロンボ。

大和田　そうなんですか！

長谷川　ちなみにアイコさんの娘の名前はナミコっていうんですよね。ヤンママで、凄い若いときに生んだ子がいる。

大和田　まあ、ヤンキーは「和」に回帰しますから（笑）。（ビデオの映像を見ながら）あ、畳だ。

長谷川　そうなんです、アイコさんは日系であることを売りにしているところがあるんですよ。それが面白い。なにしろ畳ですよ。

大和田　畳ですよね（笑）。

長谷川　これは時代が味方したところもあって。ジェネイ・アイコのお姉さんはジャミラ・アキコ・アバ・キロンボっていうんですけど、**ミラ・J**っていう名前で06年に〈Good Lookin' Out〉で先にデビューしているんですよ、黒人として。ミラ・JがデビューしたときってもうちょっとハードなR&Bの時代だったんですけど、彼女の声はサウンドに負けちゃうんですよね。声が細すぎる。アイコさんの声も似た感じなんですけど、いまはドレイクをはじめとする浮遊感がある内省的なサウンド、チルウェイヴって呼ばれていますけど、それが流行っているので、逆に繊細な声の方がいい感じに聴こえる。ミラ・Jにとって不利だったことが、ジェネイ・アイコには全部有利な方に働いたんですよ。

大和田 なるほど。

長谷川 ヒップホップのありとあらゆるヒット曲のサビをジェネイ・アイコが歌っているっていう状況が13年に生まれて、今年アルバム・デビューしました。この曲、すごく暗くて地味じゃないですか。アルバムも全部こんな感じですけど、これでビルボード3位ですから。

大和田 すごいですよね。

長谷川 だから、クール・ジャパンとか言われていますけども、みんなの知らないクール・ジャパンもあるんだよということを言いたい。

大和田 アフリカ系アメリカ人で日系といえば、ドキュメンタリー映画『バックコーラスの歌姫たち』でもフィーチャーされた**ジュディス・ヒル**もいますし。

ところで少し文脈がずれますが、ここでひとつかけてもいいですか？ 浮遊感といえば、僕もラップがどんどんソフトになっているという印象をもっていて、その象徴が今年アンダーグラウンドでヒットした**アイラヴマコーネン**です。この人、ドレイクがフックアップしたんですが、とにかくソフト。まあオッド・

★ジュディス・ヒル：84年ロサンゼルス生まれ。マイケル・ジャクソン幻の『This is It』公演のデュエット相手であり、プリンス製作でアルバムを発表したこともあるという凄まじい経歴を誇る。ドキュメンタリー映画『バックコーラスの歌姫たち』（13年）にもフィーチャーされている。

★アイラヴマコーネン：89年生まれ。アトランタで育ち14年に自主製作で発表した〈Tuesday〉を気に入ったドレイクがリミックスで参加。これを機に彼のOVO Soundと契約した。

★ウィークエンド：90年カナダ生まれ。本名エイベル・テスファイ。11年に素性を一切隠したまま3枚のミックステープ・アルバムをネット上に発表して、チルウェイヴ的サウンドと官能的な歌声でカルトスターとなった。12年にメ

フューチャーあたりからラップにパンチがなくなったといえばそうなんですが、これはほんとうにチル・ウェイヴというか。

長谷川 ドレイク周辺からデビューした**ウィークエンド**、**パーティネクストドア**、**マジッド・ジョーダン**といった連中はみんな暗いんですよね（笑）。ただ、本当は東京でこういう音楽が流行るべきなんじゃないかなと思います。

大和田 1曲聴いてもらいましょうか。今年インディペンデント界隈で流行って、「この曲のおかげで火曜の夜が楽しくなった」と言われたアイラヴマコーネンの〈Club Going Up On A Tuesday〉です（笑）。こんなソフトな奴、かつてなかっただろうという。

長谷川 ちょっと歌っちゃっていますね。

大和田 本当に何者でもなかったのが、いきなりドレイクがフックアップしたみたいで。「俺の曲をドレイクがミックスしてくれた」みたいに超喜んでいる。ドレイクは目利きですよね。着実にある種のトレンドを作り出している。それで、実はこのアイラヴマコーネンも中国系の血が入っているんですよ。

長谷川 じつはアジア系の血が入った黒人アーティストって多いんですよ。**ニーヨ**って4分の1中国人ですからね。**エイメリー**もお母さんは韓国人。

ジャー・デビューしたあとは一転してポップ・スター化しているが、本人曰く「シャイな性格へのコンプレックスを克服した」かららしい。

★パーティネクストドア：93年カナダ生まれのR&Bシンガーで、ドレイク率いるOVO Soundの契約第一弾アーティスト。アゲアゲな芸名を裏切るかのような、兄貴分譲りのリラックスした芸風が特徴。

★マジッド・ジョーダン：90年生まれのマジッドと93年生まれのジョーダンによるカナダ出身の男性R&Bデュオ。ドレイクのOVO Sound所属。

★ニーヨ：79年アーカンソー生まれのR&Bシンガーで、ライターとしても多くのヒット曲を手がける。穏やかな性格の好人物だが、好きな「ドラゴンボール」のキャラはベジータらしい。

大和田　え、そうなんですか。それをいえばブルーノ・マーズもフィリピン系です。
長谷川　ひと昔前は、でも基本的には黒人だろってことで終わってたんですけど、いまはむしろ、わずかに残るエスニシティのほうを売りにしてるのがおもしろい。
大和田　おもしろいですよね。

さりげないクール・ジャパン

大和田　それでさっきの話に戻りましょう。「日本」ということに注目すると14年はけっこう面白い。
長谷川　クール・ジャパン。まず、こういう曲があるんですよ。**豊島たづみ**〈とまどいトワイライト〉
大和田　70年代の曲ですよね。
長谷川　79年です。
大和田　**阿木燿子**作詞、**宇崎竜童**作曲。非の打ち所がない歌謡曲。これをですね、ヤング・ジージーが〈Seen It All〉でサンプリングしてるんですよね。
長谷川　ヤング・ジージーといったらかなりのスター・ラッパーですからね。最初、

★エイメリー：80年マサチューセッツ生まれのR&Bシンガーで、アフリカ系と韓国人のハーフ。05年にシングル〈1 Thing〉を大ヒットさせた。

★豊島たづみ：54年福岡生まれのシンガー。〈とまどいトワイライト〉は79年のヒット曲。

★阿木燿子、宇崎竜童：山口百恵のヒット曲で知られる日本のマン&ウェイル。宇崎はリーゼントとつなぎルックがトレードマークのロックバンド、ダウン・タウン・ブギウギ・バンドのリーダーとしても活躍していたが、実際の彼は代々木上原育ちのお坊ちゃんで下戸。明治大学在学中は

このオケにどうビートが入るか、と思うんですが、「こう入れるか」っていう感じで入ってくるんですよ。

大和田　しかも客演がジェイZなんですよね。

長谷川　帝王です。

大和田　このトラックを聴いて、ジェイZが泣いたっていう逸話があるんですよ。ということは、宇崎竜童にジェイZが泣いたっていうことですよね（笑）。

長谷川　この曲が、アルバム・タイトル曲なんですよ。ジージーにとっては会心作で、だからこそ格上のジェイZを招いている。

大和田　昔から**リル・B**とか、ネット上でほとんど著作権のクリアランスを無視して日本の歌謡曲をサンプリングしていた人がいるじゃないですか。

長谷川　しかもね、YouTubeにアップされている音源をパクっていた。クラウド・ラップなんてかっこいい名前で呼ばれていましたけどね。**浜崎あゆみ**の〈Dearest〉をサンプリングしているリル・Bの〈Lone Warrior〉とか。

大和田　でも〈Seen It All〉はちゃんと権利処理してる。

長谷川　ジージーは、何年か前に**梶芽衣子**をサンプリングした前歴もあるので、誰か周りにいるんですよ、歌謡曲好きが（笑）。

全身アイビー・ファッションだったという。つまり彼はスタジオ・ギャングスタだったのだ。

★リル・B：89年バークレー生まれ。ザ・パックのメンバーとしてデビューしたが、あり余る創作意欲を抑えきれずにソロで膨大な数のミックステープ・アルバムをネット上に発表している。その中には久石譲や岡田有希子の曲をサンプリングしたナンバーが存在する。

★浜崎あゆみ：田園調布の豪邸の内装が極めてラッパー的な、78年福岡生まれのシンガー・ソングライター。

★梶芽衣子：『野良猫ロック』や『女囚さそり』などバッドガール役を得意とした47年東京生まれの女優。歌手としても活動しており、ジージーがサンプリングした〈晩夏〉は79年発表曲。

大和田　この曲が売れると宇崎竜童に印税が入るんですよね？

長谷川　作曲クレジットにも阿木燿子と宇崎竜童の名前が入っているので入ります。14年はＪ・コールのニュー・アルバムにも驚きましたよね。

大和田　地味な年の最大のヒット・アルバムと言われている。

長谷川　そのアルバム『2014 Forest Hills Drive』の〈January 28th〉で**ハイ・ファイ・セット**の〈スカイ・レストラン〉がサンプリングされていて。作詞が荒井由実で、作曲が**村井邦彦**なので、ユーミンにも思わぬボーナスが入ってくる（笑）。これはおしゃれな曲です。

長谷川　山本潤子のスキャットが延々ループしているという（笑）。我々も、きゃりーぱみゅぱみゅより山本潤子に注目すべきではないかと思うんですけどね。

大和田　（笑）ヤング・ジージーとかＪ・コールって、日本のヒット曲とは桁違いに売れていますよね。

長谷川　ゴールド・ディスクくらいは行く人たちですから。

大和田　さりげないクール・ジャパンがヒップホップ界隈で起きているっていうことですね。

★ハイファイ・セット：〈翼をください〉で知られるフォーク・グループ、赤い鳥のメンバーが74年に結成。命名者は細野晴臣。75年発表の〈スカイ・レストラン〉はもともと〈あの日にかえりたい〉のために書かれてボツになった荒井由実の詞に、村井邦彦が新たに曲をつけたものだった。

★村井邦彦：45年東京生まれ。三保敬太郎や大野雄二を生んだ慶應義塾大学ライトミュージックソサエティで活躍後、作曲家に。アルファレコードの設立者でもある。作風同様の都会的な人物で、吉田美奈子の曲〈ケッペキにいさん〉のモデルだと言われている。ちなみに息子はチャイルディッシュ・ガンビーノ18年のヒット曲〈This Is America〉のMVを監督したヒロ・ムライ。

日本人アーティストの全米進出成功の度合いとは？

長谷川　きゃりーぱみゅぱみゅ繋がりで話がヒップホップから逸れるんですけど、彼女の全米デビュー作のセールスが失敗したことについてはどう思いますか？　大メジャーのワーナーからアルバムをリリースしたのに、ビルボードにランクインしなかった。

大和田　唐突ですね（笑）。じつは来年（15年）2月に、アメリカのポピュラー音楽学会でPerfumeときゃりーぱみゅぱみゅとBABYMETALについて発表することになってるんですよ。それでいうとBABYMETALは売れたんですよね。ビルボードのアルバム・チャートで187位。だからきゃりーぱみゅぱみゅやPerfumeよりもぜんぜん売れてる。要するにハード・ロック・コミュニティに受け入れられたということだと思うんです。

長谷川　ヘヴィ・メタルのファン、メタラーが買ったってことですよね。

大和田　向こうの日本文化好きのことを「ジャパノファイル Japanophile」といったりしますが、逆にいうと、その日本文化好きクラスターの数だけだとチャートに入ってこないということですよね。

長谷川　そうですね。

大和田　ヨーロッパやアメリカで日本文化が受けているみたいな話が最近よくありますが、きゃりーにしてもPerfumeにしても、ほかにコンテキストがない人たちはビルボードの総合ランキングに入ってこない。日本の知名度でいうとBABYMETALが一番低いかもしれないけど、180位くらいに入ってきますからね。ちなみに**宇多田ヒカル**の『エキソダス』が160位くらいでしたっけ。

長谷川　その次のアルバム『This Is The One』は69位まで上がりました。僕はきゃりーがアルバム出す前にこう思っていたんですよ、100位から120位に入れば成功と言えるだろう、って。

大和田　はい。

長谷川　根拠を話すと、**喜多郎**や**YMO**、**DIR EN GREY**がそのへんにチャート・インしたことがあるんですよ。つまり、アメリカの音楽のマーケットをまったく意識してないけど、良いものを作って、それがアメリカ人に面白がられるとそのくらいの順位には入るんですね。で、大成功っていうのは60位台だと。過去には宇多田ヒカルと**LOUDNESS**がアメリカのマーケットだけを考えたアルバムを作ってそのへんまで行っています。

★宇多田ヒカル：83年生まれのシンガー・ソングライター。99年のシングル〈Addicted To You〉からして、ジャム＆ルイス製作だったが、アイランド・デフ・ジャムからリリースしたインターナショナル・アルバムはよりアーバン度が高い。スターゲイトとトリッキー・スチュワートが関わった09年作『ディス・イズ・ザ・ワン』はビルボードで最高69位を記録した。

★喜多郎：53年愛知生まれのシンセサイザー奏者。瞑想的かつトリッピーなサウンドが、ニューエイジ・ミュージック勃興期のアメリカで大ウケして、90年代以降はアメリカ拠点に活躍、グラミー賞 Best New Age Album 部門の常連となっている。

★YMO：細野晴臣が海外進出を念頭において坂本龍一、高橋幸宏を誘って78年に結成

大和田　『This Is The One』はプロデューサーにスターゲイトを迎えて英語詞で完全に向こうのマーケット向けに作ってますからね。

長谷川　奇跡って言えるのは25位くらい。ファーイースト・ムーヴメントがこのくらいなんです。彼らはＬＡ生まれの東アジア系が結成したヒップホップ・グループなんですけど、国籍は全員アメリカなんですね。でもアジア系っていうだけでハンデはまだまだある。

大和田　それはそうですよね。

長谷川　きゃりーは日本人だし、アメリカのマーケットを考えてサウンドを作っているわけでもない。でもYouTubeであれだけ騒がれていたから、少なくとも120位くらいはいくと思っていたんですよね。だから失敗だなとちょっと思いました。

大和田　日本好きクラスターに支持されるだけではランクインしないんだな、というのがBABYMETALが出てきたことで逆にわかりました。やっぱりそれに比べるとハード・ロックやヘヴィ・メタルのコミュニティって巨大なんですよ。

長谷川　そうですね。

大和田　だから、いろんなクラスターやコミュニティにアクセスできるようにする

したディスコ・ユニット。ビルボードで最高60位を記録したマーティン・デニーのカバー曲〈Firecracker〉はブロック・パーティ時代のアフリカ・バンバータの定番ブレイクであり、ジェニファー・ロペス01年の大ヒット曲〈I'm Real〉で大胆に引用された。

★DIR EN GREY：97年に大阪で結成されたヴィジュアル系ロック・バンド。11年作『DUM SPIRO SPERO』は世界17ヵ国で同時期発売され、ビルボードのアルバム・チャートで最高135位を記録。

★LOUDNESS：元レイジーの高崎晃と樋口宗孝を中心に81年に結成されたヘヴィ・メタル・バンド。86年のアルバム『LIGHTNING STRIKES』が最高69位を記録した。サウスの帝王スカーフェイスは実はメタラーで、彼らのファンであることを公言している。

というのは大きなヒントだと思うんです。BABYMETALのライヴ会場がメタルファンとジャパノファイルで溢れている、客層がバラエティに富んでるという記事も出たりして。

長谷川 オリコンの200位に入らないようなアメリカのアーティストが、日本公演で観客を熱狂させているわけだから、きゃりーもPerfumeもその逆パターンでいいとは思うんですよ。でも世間が思い描くようなクール・ジャパン人気とは規模が違うのかなって思います。世界中で人気っていう妄言に惑わされてはいけないっていうのは言いたいですね。

大和田 まあ小さいコミュニティですもんね。

長谷川 本当は音楽よりも、カツ丼チェーンとかの方が世界制覇の可能性があると思うんですよね。

大和田 無印良品とかね（笑）。

アップルのビーツ買収と『デトックス』

長谷川 ここでちょっとビーツの買収について話したいなと思うんですけど。

大和田　あれって何月でしたっけ？

長谷川　正式には９月じゃなかったかな。ドクター・ドレーが設立したヘッドフォン・メーカーのビーツを、アップルが30億ドルで買収したっていう話で。みなさんのなかにビーツの製品を持ってらっしゃる人いますか？

大和田　ヘッドフォン持ってる人？　ああ、何人かいるようです。

長谷川　買収額が３０００億円ですからね、とんでもない規模です。

大和田　まあでも僕たちとしては、あくまでも**『デトックス』**を心待ちにしてるわけですよね。一応確認ですが。

長谷川　ドクター・ドレーがもう10年くらい出す出すと言っているのにリリースされない、〝出す出す詐欺〟の『デトックス』っていうアルバムがあるんです。11年にシングル〈I Need A Doctor〉がヒットして遂にアルバムが出るかと思ったら出なかったり。

長谷川　ただ、このニュースを聞いたら、『デトックス』どころじゃねえだろって思ったんですよ。というのは、ビーツっていう会社は08年創業で、年商がだいたい15億ドル、つまり１５００億円くらいなんですけど、日本のヘッドフォン会社でオーディオテクニカってあるじゃないですか。あそこの売り上げが２５０億円

★『デトックス』：ドクター・ドレーにとっての『スマイル』。

くらいなんです。

大和田　そうなんですか。

長谷川　つまりたった6年で、オーディオテクニカの6倍の規模の企業を作ったんですよね。しかもガチガチに市場が固まっているヘッドフォン業界で、巨大帝国を築いてしまった。

大和田　うーん、もう音楽作ってる場合じゃないと。

長谷川　ビジネスするしかないわけですよ。

大和田　もう何年か前から町蔵さんはドクター・ドレーにとって音楽は趣味になったといってますよね。彼はミュージシャンではなくてヘッドフォン・エンジニアだと（笑）。本業はそっちで、たまに気が向いたら音楽作ってもいいかなみたいな。

長谷川　ドクター・ドレーは、所属会社のインタースコープの会長だった**ジミー・アイオヴィン**と二人でビーツを興したんですけど、ビーツがでかくなりすぎちゃって、アイオヴィンはインタースコープを辞めちゃった。

大和田　アイオヴィンもドクター・ドレーも今やアップルの社員なんですよね（笑）。

★ジミー・アイオヴィン：53年ブルックリン生まれ。プロデューサーにしてインタースコープ・レコードの設立者。ドクター・ドレーとの長年にわたる友情は、アイオヴィンが元々は録音エンジニア（ジョン・レノンやブルース・スプリングスティーンを手がけた）だったことが大きい。良い音を見極めるドレーのセンスに彼は惚れ込み、これがビーツ設立に繋がっていったのである。

長谷川　ビーツ買収のニュースが出たときに、経済誌に「何でヘッドフォン会社に3000億円も払うのか」て書かれていましたけど、違うんですよ。アップルはヘッドフォン会社じゃなくて、アイオヴィンとドレーに3000億円払ったんですよね。

大和田　二人の名前に。

長谷川　名前というか才能にですね。たった6年間で巨大企業を作りあげたビジネスマンとして二人を見込んだわけです。

大和田　今日観てもらったビデオのなかにも、でっかい頭痛薬みたいな形で小文字のbが書いてあるスピーカーがありましたけど、あれがビーツのスピーカーですよね。だいたいどのビデオみてもあれが映っているっていう。

長谷川　とんでもない会社になっちゃった。ただ、僕は**逆説的に『デトックス』がリリースされる可能性**が出てきたんじゃないかと思っているんですよ。

大和田　というと？

長谷川　来年、アップル製品のなかにビーツが立ち上げたストリーミング・サービスの「ビーツ・ミュージック」が標準装備されるらしいんですよ。それによってiTunesは、自分が買ったファイルを聴いているのか、クラウドにあるものを聴

★逆説的に『デトックス』がリリースされる可能性：結局2015年に『Compton』がリリースされ、『デトックス』の制作中止が発表されたが、一方で18年現在まだレコーディングしているとの噂がある。

いているのか、ハードディスクの中にあるものを聴いているのか、わからないシームレスな環境になるっていう**噂**があるんです。

大和田　そのビーツ・ミュージックもビデオによく映ってますが、あのサービスはSpotifyへの対抗策と考えていいんですよね？

長谷川　そうですね。Spotifyに勝つためにミュージシャンに印税を多めに払うんじゃないかっていう話もありますね。**ブラック・アイド・ピーズ**のリーダーでウィル・アイ・アムっているじゃないですか。あの人、ビーツには最初期から関わっているんですけども、彼はニュー・アルバムをビーツ・ミュージック限定で出すかもしれないって言っているんですよ。それで、ふと思ったんですけどビーツ・ミュージックをどうすれば世間に爆発的に広められるかっていうと、『デトックス』をビーツ・ミュージック限定でリリースすることなんじゃないかと。

大和田　ああなるほど。もうかなり完成に近づいているという、いろんなリークもありますからね。

長谷川　**DJクイック**によると、完成している曲が600曲あるっていう話なんで、すぐにでも出すことはできるんですよ。本人がクオリティに関して満足していないだけで。今年は**U2**が勝手にニュー・アルバムを皆様のiTunesにお届けして、

★噂：この構想はApple Musicとして実現した。

★ブラック・アイド・ピーズ：イージー・Eのルースレス・レコードに所属していたアトバン・クランを前身として95年に結成。コンシャス路線、ファーギーをヴォーカルに迎えたポップ路線、そしてEDMと、音楽性を変えながら活躍を続けている。

★DJクイック：70年コンプトン生まれのギャングスタ・ラッパー。プロデューサーとしても活躍しており、同郷でもあるドレー周辺のラッパーとのコラボも多い。ちなみにブラッズ構成員。

★U2：76年にアイルランドで結成されたロック・バンド。リーダーのボノの親友は安藤忠雄。

多くの人から怒りを買った事件がありましたけど（笑）。

大和田　『Songs Of Innocence』ですね。あれは酷かったですよね（笑）。朝起きてiTunes開くとU2が勝手に入っていた。しかもTwitter上では……

長谷川　U2って誰？　ってみんな呟いていた（笑）。

大和田　U2を聴いたことない日本の中高校生たちがね。あれ最高に面白かったですよね（笑）。

長谷川　タイラー・ザ・クリエイターは腹を立てたのか、Twitterでずっと「ファック、ボノ」とか「変態グラサン野郎」とか3時間くらいツイートしていた（笑）。アイコンが一時期ボノになっていたんですよね（笑）。

大和田　そうそう（笑）。

長谷川　あれはめちゃくちゃおかしかったんですけど（笑）。

お約束のボノ・ディス

大和田　ちなみにみなさんにいっておきますが、町蔵さんはこんなことが起きる前から一貫してボノをディスってますからね。僕なんて、ああ、こんなことしたらまたボノが町蔵さんにディスられるって思いました。

長谷川　だってU2の今度のシングル〈ザ・ミラクル（オブ・ジョーイ・ラモーン）〉でしたっけ？　**ジョーイ・ラモーン**っていいながら、ぜんぜん曲調がラモーンズじゃないんですよ。そこがもうぜんぜんダメ、あいつはまったくわかってないっていう感じなんですよ。

大和田　しかもあいつ、『マッスル・ショールズ』のプレゼンターに。

長谷川　そう、あれは本当に腹立った（笑）。アメリカ南部の伝説的なレコーディング・スタジオの**マッスル・ショールズ**のドキュメンタリー映画があって、そこで実際に録音したことがあるミュージシャンたちが、あそこにはマジックがあったとか語っているんですよね。**ミック・ジャガー**は〈ブラウン・シュガー〉をそこで録っているから語る権利があるんですけど、なぜかナレーターがボノで。ボノは**サン・スタジオ**で録ったことはあっても、マッスル・ショールズではないんですよ。

大和田　ボノ、ぜんぜん関係ないんですよ。

長谷川　なんであいつを起用したんだろう（笑）。

大和田　また今年もボノの悪口で終わるのか……。

★ジョーイ・ラモーン：51年クイーンズ生まれで、パンク・バンド、ラモーンズのヴォーカリスト。ヒップホップ的にはソロ転向後ラップに挑戦したベーシスト、ディーディー・ラモーンの方が重要。

★マッスル・ショールズ：アラバマ州のフェイム・スタジオで働いていたセッション・ミュージシャン集団、通称スワンパーズが、69年に独立して開設した録音スタジオ。サザン・ロックの聖地となった。その真っ黒なサウンドによって、しばしばソウル・ミュージックの極みと評されるスワンパーズだが、メンバーは全員白人である。

★ミック・ジャガー：定番ブレイク〈Honky Tonk Woman〉を生んだことで知られる白人ロック・バンド、ローリング・ストーンズのリーダー。ちなみにリック・ルービ

長谷川　でも世間的にもU2に対して否定的な意見が多かったですよね。
大和田　まあネットでみると、U2ファックみたいな人が多かったんですけど、マーケティング全体としては一応成功したってことになるんじゃないでしょうか。
長谷川　そうですね。ベテラン・バンドがあれだけ世間で騒がれたことなんてないですからね。それと似たようなことを、ドレーがやるんじゃないかなっていう気がするんですけどね。

2015年への期待

大和田　最後に何曲かかけましょうか。僕はやっぱり最後の最後にこの曲でぶっとんだというか、カニエがすさまじいなというのをあらためて感じたんですが。リック・ロスの〈Sanctified〉。最初にお話ししたＤＪマスタードとカニエの共作で、絵文字のビデオも話題になりました。
長谷川　色々とスキャンダル番長でしたけど、今年は。主に結婚式やキム・カーダシアンのお尻で話題でしたね。
大和田　またお尻だ。

ン製作の93年のソロ・シングル〈Sweet Thing〉では、定番ブレイク〈Impeach The President〉をサンプリングしている。
★サン・スタジオ：50年にテネシー州メンフィスに開設された録音スタジオ。オーナーのサム・フィリップスはレコード会社サン・レコードも経営していた。当初は黒人ミュージシャンがメインだったが、エルヴィス・プレスリーの成功をきっかけにロカビリー・ブームの震源地になった。

長谷川　2014年、カニエは色々あったけども、陰でずっとレコーディングしていたって話もあるので、来年あたり何かやってくれる気はしますけどね。

大和田　カニエは何やってもいいですよ、かっこいいトラックを作るかぎりは。

長谷川　どんなバカでも（笑）。

大和田　アメリカの知人が来日するたびに向こうでカニエ・ウェストはどう思われてるのかって訊くんですが、みんなクルクルパーだバカだっていうんですよね。

長谷川　バカというか、「痛い人」ですよね（笑）。

大和田　それと僕はチャンス・ザ・ラッパーのアルバム**『Surf』**を待ち望んでるんですよ。でも彼は、このアルバムもタダで出すって言っていますよね。

長谷川　そうですね。彼は商業リリースに懐疑的な人なので。基本、アルバムはプロモーション・ツールであって、飯のタネはライヴっていうスタンスですよね。

大和田　うまくいけば1月にでるとも言われていますが……。

長谷川　この〈Sunday Candy〉っていう曲なんかは非常にシカゴ、ゴスペルっていうある種のラインが見えてくる曲だと思うんですけど。

大和田　この人はシカゴにこだわりますよね。今後のヒップホップ全体のビジネスモデルを考える上でも注目です。で、来年はかなり派手な年になるというふうに、

★『Surf』：Donnie Trumpet & The Social Experiment 名義で15年に発表されたクルー・アルバムのこと。

みなさん言いますけどね。

長谷川　そうでしょうね。カニエやケンドリック・ラマーといったゲーム・チェンジャー、シーンのトレンドを変える力を持っているスターが一斉に新作を出す年になると思うので。だからドレーも出るかもしれない。少なくとも**NWA**の伝記映画『ストレイト・アウタ・コンプトン』がアイス・キューブそっくりの息子主演で公開される（笑）。

長谷川　ドレーがイケメンになっているのがちょっと違和感を覚えますけどね（笑）。

大和田　（笑）じゃあ今日はそんな感じですかね。

［2014年12月、慶應義塾大学三田キャンパスにて収録］

★NWA：ドラッグ・ディーラーだったコンプトン出身のイージー・Eが地元のオールスター・グループを作ろうと考えて86年に結成。メンバーはイージーに加えてラッパーのアイス・キューブ、MC・レン、DJのドクター・ドレー、DJ・イェラ、アラビアン・プリンスの6名。メッセージ・ラップ全盛だった当時のシーンに逆張りをかまして巨大な成功を収めた。その誕生と分裂の過程は伝記映画『ストレイト・アウタ・コンプトン』（15年）に詳しい。

Ab-Soul
アブ・ソウル

These Days...

2014
Top Dawg Entertainment

ブラック・ヒッピーが持つ内省的な面を掘り下げていった結果、サイケ方面に足を踏み入れてしまった問題作。よって全体のトーンは沈んではいるのだけど、アブ・ソウル本人のシアトリカルなラップでするっと聴かされてしまう。BJザ・シカゴ・キッドやジョーイ・バッドアスをこの時点でゲストに招くセンスも鋭すぎ。なお録音はマック・ミラーの自宅に長期滞在して行なわれたらしい（いい迷惑）。**H**

Ariana Grande
アリアナ・グランデ

My Everything

2014
Republic Records

スクエアだったデビュー作から一転、同時代のR&Bに舵を切ったセカンド。トラック製作はマックス・マーティンらによるアイドル・ポップ的なものだが、本人の歌唱はかなりソウルフル。イギー・アゼリア客演の〈Problem〉には当時交際中だったビッグ・ショーンが参加して芸能ゴシップ的な話題を呼んだ。ほかにチャイルディッシュ・ガンビーノやエイサップ・ファーグ、ウィークエンドもゲスト参加。**H**

Azealia Banks
アジーリア・バンクス

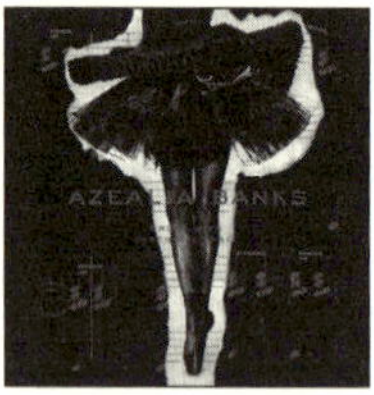

Broke With Expensive Taste

2014
Azealia Banks Records

「ニッキー・ミナージュの次に来るのは彼女」と言われながら、メジャー・レーベルとの契約が決裂して自主製作で発表されたデビュー・アルバム。聴けば決裂も止むなしと納得。英国産ディープ・ハウスに影響されたオシャレな音楽性（MJコールも参加）はあまりにシーンから逸脱していたからだ。だがクラブ・ミュージックとしての質は極めて高い。最終的にはR&Bチャートで3位を記録した。**H**

D'Angelo & The Vanguard
ディアンジェロ＆ザ・ヴァンガード

Black Messiah

2014
RCA

実に14年ぶりとなるサード作は、旧知のピノ・パラディーノやロイ・ハーグローブに加えて元ザ・タイムのジェシー・ジョンソンらを含むバンド名義によるもの。『暴動』時代のスライ・ストーンやプリンスにも似た密室ファンクを全曲で堪能できる。あまりに長期間素材を煮詰めすぎたせいで本来の味が飛んでしまっているところが散見されるものの、本作に漂うコクは他では味わえない濃厚なものだ。**H**

Freddie Gibbs & Madlib
フレディー・ギブス&マッドリブ

Piñata
2014
Madlib Invazion

サンプリングを駆使したマッドリブのジャジーでソウルフルなトラックを得て、インディアナ出身の実力派がそのスキルを多くのヘッズに知らしめたアルバム。スカーフェイスやレイクォンといったベテランと、ダニー・ブラウンやオッド・フューチャー、マック・ミラーらミックステープ世代を同時にゲストに招くことによって、技巧派MCの歴史を総括しているように感じられるのも面白い。 **H**

Flying Lotus
フライング・ロータス

You're Dead!
2014
Warp Records

アリス・コルトレーンの甥が、収録19曲をトータル36分に圧縮してみせた〝聴く臨死体験〟。サンダーキャットやカマシ・ワシントンら友人に加えてハービー・ハンコック御大やジェフ・リンまで参加した緻密かつ濃厚な演奏は、LA産フューチャー・ジャズのひとつの到達点だろう。ケンドリック・ラマーやスヌープの客演も話題を呼んで、ビルボードのアルバム・チャートで最高19位まで上昇した。 **H**

Iggy Azalea
イギー・アゼリア

The New Classic
2014
Virgin EMI Records

オーストラリア生まれの白人でありながらアトランタで修行し、T.I.のお墨付きを得た女子ラッパーのメジャー・デビュー作。大ヒット・シングル〈Fancy〉でフックを歌ったチャーリーXCXが英国人であることに象徴されるように、欧州のEDMに色目を使ってもいるが、ビート感覚はトラップのそれ。意図せずして米国ティーンの嗜好がトラップに変化しつつあることを記録した作品集となった。 **H**

I Love Makonnen
アイラヴマコーネン

I Love Makonnen
2014
Self-released

「火曜日にクラブに出かけてカノジョをゲットするんだ」と歌いながら全く気勢が上がらない曲調が印象的な〈Tuesday〉を含むデビューEP。同曲のプロデュースを手掛けたメトロ・ブーミンにとって初の大ヒット・シングルとなった。アイラヴマコーネン本人もこの1曲がきっかけでドレイクのOVOと契約したものの、デビュー・アルバム発表時期を巡って対立した結果、現在は離脱している。 **H**

J. Cole
J・コール

2014 Forest Hills Drive
2014
Roc Nation

ハイファイ・セット（山本潤子）のスキャットのループに乗って自らの誕生を語った〈January 28th〉をはじめ、人生や家族、コミュニティについて慈しむようにラップしたコンセプト作。自ら全曲をプロデュース、ゲスト・ラッパーなしという、大物を沢山呼んでナンボの現行シーンの常識から考えると恐ろしく地味な体制で製作されているが、その純度の高さが、本作ではすべてプラスに作用している。**H**

Jhené Aiko
ジェネイ・アイコ

Souled Out
2014
ARTium Records

チルウェイヴ・ブームに乗って客演女王となった女性シンガーがノー・I・Dのレーベルと契約して放ったデビュー作。もはやR&Bよりシューゲイザーのファンの方が親しみを持つだろう陶酔感溢れるサウンドがアルバム全般にわたって展開されているけど、これも現在のR&Bのひとつの姿である。〈Eternal Sunshine〉と〈Spotless Mind〉という曲名には彼女の詩作のネタ元が伺えて興味深い。**H**

Kid Ink
キッド・インク

My Own Lane
2014
RCA

カリフォルニア出身の〝刺青小僧〟（といっても86年生まれだが）によるメジャー・デビュー作。プロデュースにはフューチャリスティックスやデンジャ、ゲストにタイガやプシャ・T、マシンガン・ケリーといった売れっ子が招かれているが、特に2曲あるDJマスタード（プロデュース）とクリス・ブラウン（歌）とのコラボ曲が抜群の出来で、〈Show Me〉〈Main Chick〉のいずれもヒットを記録した。**H**

Nicki Minaj
ニッキー・ミナージュ

The Pinkprint
2014
Cash Money Records

ドクター・ルーク製作でエスター・ディーンが参加したケイティ・ペリーみたいな曲（出来自体はいい）が収録された一方でラップへの回帰を感じさせるナンバーも収録されたサード作。サー・ミックス・ア・ロットの92年曲〈Baby Got Back〉をサンプリングしたオールドスクール風味の〈Anaconda〉がその変化を象徴している。ゲストはリル・ウェインやドレイクら身内のほか、ビヨンセやアリアナも。**H**

PartyNextDoor
パーティネクストドア

PartyNextDoor Two
2014
OVO Sound

トロント出身のシンガー・ソングライター兼トラックメイカーが、同郷の先輩ドレイクにフックアップされて発表したメジャー・デビュー作。内省的な持ち味は兄貴分に通じながら、より〈歌〉に特化した世界を堪能できる。サンプリング・ネタがドゥルー・ヒルやミッシー・エリオットと妙に新しめなのが印象的だけど、93年生まれの彼にとってはこうしたアーティストも伝説的な存在なのだろう。 **H**

Pharrell Williams
ファレル・ウィリアムズ

GIRL
2014
Columbia

〈ハッピー〉のメガ・ヒットを受けてファレルが発表したソロ・アルバム。彼の製作曲はディテールが雑なものも多いのだけど、本作ではそれすら勢いに繋がっていて、ポジティヴなヴァイブが心地良い。ジャスティン・ティンバーレイクとアリシア・キーズが客演。ちなみに『GIRL』のすべてが大文字で間隔が離されているタイトルは「女性ひとりひとりが自立して輝いている様を表現している」のだとか。 **H**

Run the Jewels
ラン・ザ・ジュエルズ

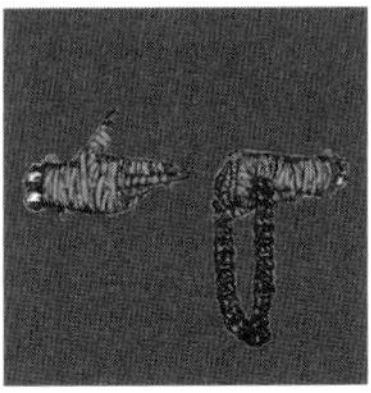

Run the Jewels 2
2014
Mass Appeal

キラー・マイクとエル・Pの硬派デュオによるセカンド作。発売元のマス・アピールはナズのレーベルで、いよいよブーン・バップ人気が本物であることを世間に印象づけた。またザック・デ・ラ・ロッチャやトラヴィス・バーカーらの参加によってロック・ファンにもアピールするアグレッシヴな内容に仕上がっている。全曲を猫の鳴き声入りで再構築したリミックス盤『Meow The Jewels』と併せて聴くべし。 **H**

SchoolBoy Q
スクールボーイQ

Oxymoron
2014
Top Dawg Entertainment

インタースコープからのメジャー・デビュー作。基本的な方向性は前作と変わらないものの、ファレルやマイク・ウィル・メイド・イットらスター・プロデューサーの起用が話題を呼び、ビルボードのアルバム・チャートで首位を獲得するヒット作となった。ブラック・ヒッピーの仲間たちに混じってゲストに招かれたコラプトやレイクウォンといったベテランの人選に、彼の理想のラッパー像が伺える。 **H**

Tinashe
ティナーシェ

Aquarius

2014
RCA

ジャネット・ジャクソンがジャム&ルイス作のミネアポリス・サウンドを、アリーヤがティンバランド作のチキチキ・ビートを、アイドルでありながら堂々と乗りこなしてみせたのと同様、ティナーシェもマイク・ウィル・メイド・イットやボーイ・ワンダによる最新ビートの上で可憐に舞ってみせる。DJマスタード製作でスクールボーイQがラップで客演した〈2 On〉はスマッシュヒットを記録した。 H

YG
YG

My Krazy Life

2014
Def Jam Recordings

オッド・フューチャー、ブラック・ヒッピーの成功を経て、YGの登場でLAの復興は現実のものとなった。大半の曲をDJマスタードが手掛けているが、西海岸ギャングスタ・ラップのサウンドをサウス全盛の時代に合せてバージョン・アップしてみせた仕事ぶりには惚れ惚れさせられる。なおGファンク的キーボードを弾きまくって多大な貢献をしているのは、今をときめくテラス・マーティン。 H

Yo Gotti
ヨー・ゴッティ

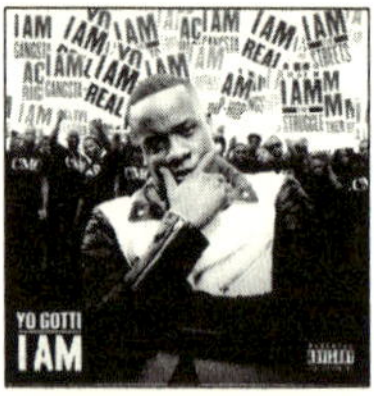

I Am

2014
Epic

ヒップホップはその音楽的特性からなのか、「修行時代を経て歳をとってからブレイク」という事例がロックと比べても少ないのだが、81年生まれのヨー・ゴッティは例外的存在。彼に惚れ込んだLAリード率いるエピックとの配給契約を得た本作に漲る大物感はどうだ。リッチ・ホーミー・クワンやメトロ・ブーミン作のビートを余裕で乗りこなし、T.I.やジージーとも互角で渡り合ってみせる姿に涙。 H

Young Jeezy
ヤング・ジージー

Seen It All: The Autobiography

2014
Def Jam Recordings

タイトル通り、ストリートでコカインを売りさばいていた少年時代を振り返ってみせた自伝作。ていうか、この人はその手のアルバムばかりなのだが、人気ラッパーとなって久しい時期に発表した本作において基本的トーンがやんちゃ自慢から郷愁に変質したことに注目してほしい。そのクライマックスを形成するのが豊島たづみ〈とまどいトワイライト〉をサンプリングした哀愁の表題曲なのだ。 H

POSTSCRIPT

あとがきに代えてお届けする深夜のチャット再び

大和田 というわけで、今回もまた遅れに遅れてすみませんでした……。

長谷川 『文化系』を出したのが2011年9月なのでなんと7年ぶりですね。

大和田 とにかく『3』はすぐに出すということで、頑張ります。

長谷川 でもいまヒップホップを聴いている若い子が『1』を読んだら「えっ」ってびっくりするかも。だってシーンのトップがリル・ウェインとT.I.みたいな扱いですからね。

大和田 シーンの移り変わりがいかに激しいかという。

長谷川 今活躍している人の中では、ぎりぎりタイラー・ザ・クリエイターの名前が出てくるくらい。

大和田 これだけ間隔が空くとしんどいかなあと思いましたが、この『2』は12年から14年、その時の僕らの印象がそのまま残ってるので興味深く読めますね。

長谷川 今回本にした12年から14年は、今の第一線の人が次々出てきた時期なので、これはこれで語るべきだと思います。ケンドリック・ラマーやエイサップ・ロッキーは前作の販促イベントで「これからキますよ」って紹介していた記憶があります。

大和田 あと、今回EDMの話をしているじゃないですか。このあとそれがトラップに変質していくわけで、まだその言葉は出てきてないんですけど、注目するポイントとしては面白かったかなと。

長谷川 EDMはヒップホップを脅かすかなって思ったけど、ヒップホップの方が飲み込んじゃった感はありますね。

大和田 ほんとうにそうですよね。で、ふりかえると、あのときのEDMを巡る議論はけっこう重要だったような気がします。

長谷川　第5部で大和田さんがアメリカの音楽市場におけるジャンル・シェアが、ヒップホップがR&Bとあわせて20%、ロックが30%っていう話をしているわけじゃないですか。

大和田　それも昨年逆転しましたからね……。

長谷川　いまヒップホップが25%くらいありますよね。アルバムもシングルもチャート上位はほぼ独占という。

大和田　そうなんですよ。で、僕がけっこう大事だと思うのはポスト・マローン★①で。

長谷川　その心は？

大和田　あの人って、アメリカのメジャーな音楽ジャンルがロックでもポップスでもなくヒップホップになった時代の初めてのスター、という感じがするんですよね。つまり、普通の若者が「音楽やるぞ」と思ってやったらああなるという。

長谷川　たしかに。で、それが「ロック・スター」（彼のヒット曲のタイトル）っていう扱いになるんですよね。

大和田　そこにもはやヒップホップというアイデンティティはないんですよ。ヒップホップは無意識の背景になっているというか。

長谷川　この『2』の時期はまだアルバムという概念がぎりぎり存在していますけど、今はまったくない。それがヒップホップの覇権の礎になったというか。

大和田　プレイリスト至上主義というか。

長谷川　それぞれが24時間営業のラジオ局を経営してる感じ。だからどんどん新曲作る、みたいな。

大和田　たしかにそうですよね。それをキー局として統制しているのがSpotifyのRap Cavier★②とか、そんな感じですよね。

長谷川　こうした状況を決定づけたのは次の『3』でわらわらと登場するトラップの人たちなんだと思います。

大和田　あと、今回この12年から14年を読み直して感動したのは、ここで話していることすべてが今年ひとつの結果として現れてるんですよ。BTSのアメリカでの成功なんですけど。

長谷川　慶應大学での講義では話のマクラでもずっとK-POPのこと話してましたもんね。

大和田　つまり、第4部で町蔵さんが解説してくれた数の少ないコード進行の話、なぜかアジア音楽に注目が集まること、きゃりーがいまいちだったこと、全部BTS成功の布石じゃないですか（笑）。

長谷川　学生さんたちが聴いているJ-POPとヒップホップの構造的な違いを説明するのに、ヒップホップ側に片足突っ込んでいるK-POPについて話すとわかりやすいと思って意識的にやっていたんですけど、それが結果としてチャートに表れてしまったという。

大和田　ビルボードのシングル・チャートで10位まで上がったBTSの〈Fake Love〉（2018）ってまさに、町蔵さんが言っている少ないコード進行で上物がダイナミックに展開する曲の典型なんですよ。あの曲、使ってるコードはB♭、C、Dmの3つだけなんですよ！

長谷川　そうなんですか！　綺麗なサビメロを持つ曲がアメリカで減ってきてるんで、そういうのが好きな人がK-POPに流れてるような気もします。

大和田　ドラマチックな構成のわりにループ感もあるなと思ってコードを確かめたら3つしかなくて、驚きました。そうそう、あとダンスの話もしているし、この本全体がBTSのアメリカでの成功を完璧に説明しているという（笑）。

長谷川　これらが『クレイジー・リッチ！』★③の大ヒットに結びついてるんですよねー。それにしてもアメリカでアジア系の女子より男子に需要があるとは思わなかった……。

大和田　本当ですよ。アジア系男子がアメリカで「かっこいい」とみなされる時代がくるとは思いもしませんでした。でもミーゴスもニッキー・ミナージュ

★①ポスト・マローン：95年NY生まれ。自らギターも弾く白人シンガー・ソングライターでありながら、音楽的にはほぼトラップという音楽性で、巨大な成功を収めている。

★②Rap Cavier：Spotifyを代表するプレイリストのひとつで900万人近いフォロワーを誇る。これに選ばれるとヒットする可能性が途端に高くなるという、かつてのキー局の人気ラジオ番組のような役目をネット上ではたしている。

★③『クレイジー・リッチ！』：ベストセラー小説『Crazy Rich Asians』を原作としたロマンティック・コメディ映画。シンガポールを舞台に華僑の現実離れした豪勢な生活が描かれる。主演のコンスタンス・ウーをはじめ出演者が全員アジア系俳優のため、興行成績が危惧されていたが見事大ヒットを記録した。

もアジア・ネタでビデオ撮ってるし、ビッグ・ボーイも初音ミクのビートでラップしたり、アジア表象が流行してますよね。

長谷川　トランプ政権はクソですけど、『ブラック・パンサー』★④とか『クレイジー・リッチ！』がアメリカで一般的に支持される時代になるとは……と感慨深いです。『ブラック・パンサー』については『3』で語りたいですね。

大和田　ぜひ。あとBTSの成功でもうひとつ驚いたのは、韓国語のまま受けたということですよね。

長谷川　何を言ってるかわかんないマンブル・ラップの流行が韓国語でもオッケーという土壌を作ったのかも（笑）。

大和田　なるほど（笑）。〈デスパシート〉★⑤もスペイン語だし、アメリカではやっぱり英語以外は難しいと思ってましたが、マンブル・ラップの予想外の効果が（笑）。

長谷川　あまりにも日本との乖離が進みすぎていて、アメリカの音楽シーンを日本で説明しようとすると、ものすごく大変なことになってますよね。

大和田　その日本のシーンとの乖離ですが、この本を日本の若い読者に届ける時に、14年までと今で決定的に違うのは、『フリースタイルダンジョン』以前ということだと思うんですよ。

長谷川　『フリースタイルダンジョン』の放送が始まったのって15年の9月か。

大和田　つまり、今の若い人はラップがある種の言葉遊びとスキルを要するアートフォームであることは理解しているんです。でもそれが理解された途端、本国ではマンブル・ラップが主流に（笑）。

長谷川　PUNPEEと秋元才加でThe Carters★⑥みたいなアルバムを作って溝を狭めてほしいです

大和田　最高ですね（笑）。そうそう、カーター夫妻の上昇志向も最終的にルーブル美術館に行き着きました。

長谷川　日本人の夫婦がルーブルに行くっていうと、小金持ちの熟年カップルっぽいんですけど、アフリカ系の場合は何重にも間に捻りが入ってるという。

大和田　あとそうだ、ビーツの話もしてますが、『ディファイアント・ワンズ：ジミー＆ドレー』★⑦、この前観ましたよ。

長谷川　長いけど面白いですよね。ふたりでカーステの出来を試聴するシーンとか。

大和田　あのシリーズを見てからこの本のビーツのくだりを読むとけっこう感慨深いです。このヘッドフォンの話がブルース・スプリングスティーンから繋がっているのか！　という。

長谷川　ジミーとドレーはインタースコープっていうCD製造会社ではなく、ストリーミングのアップルミュージックの人になってしまいましたからね。で、デフ・ジャム〜ワーナーと渡り歩いたリオ・コーエンはいまGoogleとYouTubeの音楽部門責任者なんですよね。

大和田　そう、ストリーミング＆ヘッドフォンというのも音楽業界の未来を正確に予言する逸話ですよね。

長谷川　『2』で話してることは間違ってなかった！

大和田　間違ってないですよ。いろいろ示唆的だなあと思って読み返しました……というか、それだけ空いてしまって改めて申し訳ありません（笑）。

長谷川　『バック・トゥ・ザ・フューチャー』や『マトリックス』のように『2』と『3』のブランクは短くないといけませんね。

大和田　『3』はさくっと出しましょう。本当に（自分に言い聞かせています）。

長谷川　マックスウェルの『Black Summer's Night』★⑧

★④ブラックパンサー：アメコミ連作映画『マーベル・シネマティック・ユニバース』シリーズ第18作。監督はライアン・クーグラー。メイン出演者がほぼ全員アフリカ系のため、興行成績が危惧されていたがアメリカをはじめ全世界で驚異的なヒットを記録した。

★⑤デスパシート：プエルトリコ出身のルイス・フォンシとダディ・ヤンキーが17年にリリース。スペイン語の曲ながら、ビルボードHot 100チャートで16週連続1位を記録した。

★⑥The Carters：それぞれR&Bとヒップホップの頂点に君臨するビヨンセとジェイZの夫婦ユニット。18年にアルバム『Everything Is Love』をリリース。

★⑦『ディファイアント・ワンズ：ドレー＆ジミー』：アレン・ヒューズ監督が製作したドキュメンタリー。ドクター・ドレーとジミー・アイオヴィンの生い立ち、キャリアから二人の邂逅、ビーツやアップル・ミュージックにおける成功を描く。

★⑧『Black Summers' Night』：R&Bシンガー、マックスウェルの3部作。第1弾の発売時（09年）には、さらに2作が続けてリリースされるとアナウンスされていたが、第2弾が発表されたのは16年、完結編は18年8月現在いまだ発表されていない。

になっちゃうとマズイ（笑）。柳樂さんに来ていただいたジャズ×ヒップホップの鼎談も読み直すとなかなか面白いですね。

大和田　『JTNC』こそ、本国よりも早くジャズの新しい潮流をとらえた本ですしね。

長谷川　痛感したのは自分のジャズ観が古いな〜っていう。『ラ・ラ・ランド』★⑨のライアン・ゴズリングみたい（笑）。

大和田　でも、ヒップホップという異なるジャンルの黒人音楽を並置することで、ジャズの新しい見方が際立ったと思います。

長谷川　あの名シリーズのロンドン的な視点に対して、あくまでアメリカのヒップホップから検証したのは、カウンターとして面白いと思います。

大和田　あとそうだ、〈Blurred Lines〉の裁判があんな結果になるとは！

長谷川　あの裁判のせいで、マーク・ロンソンとブルーノ・マーズの〈Uptown Funk〉のクレジットにギャップ・バンドのメンバーが入ったりしましたね。あれを入れるなら、The Timeのメンバー……っていうかプリンスも入れなきゃダメだろって思いましたけど。

大和田　そうそう。なんとなく業界全体に萎縮ムードになりましたよね。これがのちのち音楽業界に重大な影響を及ぼした、みたいなことにならないといいなあとは逆に思うんですけどね。

長谷川　一方では著作権という概念が曖昧なヒップホップがいま音楽市場ではメインになってるわけで、アメリカの音楽はこれからどっちに進むんだろう、みたいな。

大和田　そこが今後の注目すべきポイントのひとつかもしれませんよね。

2018年8月

★⑨『ラ・ラ・ランド』：デミアン・チャゼル脚本・監督による16年のミュージカル映画。ライアン・ゴズリング扮するジャズ・ミュージシャンの主人公セブは、モダン・ジャズをこよなく愛する昭和的感性の男で、音大時代の友人（演じるはジョン・レジェンド）が結成したグループにいったんは加入するものの、ネオ・ソウル的な音楽性に耐えきれず、脱退してしまう。

人名索引

＊付きはCDガイド

ア行

カ行

サ行

タ行

ナ行

ハ行

マ行